VENTE DES 20 ET 21 DÉCEMBRE 1917
(HOTEL DROUOT)
Par le ministère de Me ANDRÉ DESVOUGES, commissaire-priseur.

CATALOGUE

DE

LIVRES ANCIENS

ESSAIS DE MONTAIGNE
(Éditions de 1580 à 1652)
POÈTES FRANÇAIS DES XVIe ET XVIIe SIÈCLES
ROMANS ET CONTES

PROVENANT DE LA

BIBLIOTHÈQUE DE FEU M. ERNEST COURBET

PARIS
LIBRAIRIE HENRI LECLERC
219, RUE SAINT-HONORÉ, 219
ET 16, RUE D'ALGER
—
1917

CATALOGUE
DE
LIVRES ANCIENS

LA VENTE AURA LIEU

LES JEUDI 20 ET VENDREDI 21 DÉCEMBRE 1917

A 2 heures précises

HOTEL DES COMMISSAIRES-PRISEURS, 9, RUE DROUOT

SALLE N° 10

Par le ministère de M° **ANDRÉ DESVOUGES**, commissaire-priseur

26, RUE DE LA GRANGE-BATELIÈRE, 26

Assisté de **M. HENRI LECLERC**, libraire

219, RUE SAINT-HONORÉ, 219
ET 16, RUE D'ALGER

Voir l'ordre des Vacations à la fin du Catalogue.

CONDITIONS DE LA VENTE

La vente se fait au comptant.

Les adjudicataires paieront 10 pour 100 en sus des enchères.

Les livres vendus devront être collationnés dans les vingt-quatre heures de l'adjudication. Passé ce délai, ils ne seront repris pour aucune cause.

M. HENRI LECLERC remplira les commissions qu'on voudra bien lui confier.

CATALOGUE

DE

LIVRES ANCIENS

ESSAIS DE MONTAIGNE
(Éditions de 1580 à 1652)
POÈTES FRANÇAIS DES XVIe ET XVIIe SIÈCLES
ROMANS ET CONTES

PROVENANT DE LA

BIBLIOTHÈQUE DE FEU M. ERNEST COURBET

PARIS
LIBRAIRIE HENRI LECLERC
219, RUE SAINT-HONORÉ, 219
ET 16, RUE D'ALGER

1917

THÉOLOGIE
ET
HISTOIRE DES RELIGIONS

1. BÈZE (Théodore de). L'Histoire de la vie et mort de feu M. Jean Calvin, fidèle serviteur de Jésus-Christ, prinse de la préface de Théodore de Bèze aux Commentaires dudit Calvin sur Josué & déduite selon l'ordre du temps quasi d'an en an. *A Genève pour Pierre Chouët*, 1656, in-8, de 204 pag., la dernière chiff. par erreur 202, vélin (*Rel. anc.*).

> Cet exemplaire, bien conservé, renferme un second titre à la date de 1657 portant le nom de l'auteur, Théodore de Bèze. Il contient aussi le portrait de Calvin gravé par *Pierre Woeiriot*.

2. BOAISTUAU (Pierre). Histoire des persécutions de l'église chrestienne et catholique, faisant un ample discours des merveilleux combats qu'elle a soustenuz, étant oppressée & affligée sous la tyrannie de plusieurs empereurs romains, commençant à Notre Sauueur Jesus-Christ et à ses apostres & quelle a esté la constance de leurs successeurs en icelle, par feu Pierre Bois-

tuau, surnommé Launay, natif de Bretaigne. *A Paris, pour Vincent Norment,* 1576, in-8, de 127 ff. chiff. et 13 ff. non chiff., mar. rouge à longs grains, fil. à froid, tr. dor. (*Pagnant*).

> Le premier feuillet non chiffré contient deux sonnets *sur la mort et doctes œuvres du feu seigneur de Launay.*
>
> Sur le titre, deux petites inscriptions autographes de deux possesseurs du livre au xvie siècle.

3. BOSSUET. Maximes et reflexions sur la comédie par Mre Jacques Benigne Bossuet, evesque de Meaux. *Paris, Jean Anisson,* 1694, in-12, veau brun (*Rel. anc.*).

> Edition originale.

4. CALVIN (Jean). Les Actes du concile de Trente, avec le remède contre la poison, par M. Jean Calvin, *S. l. n. d.* (*Genève, J. Gérard,* 1548), in-8, de 347 pag. 1 f. non chiff. et 1 f. blanc, vélin blanc à recouv. (*Rel. mod.*).

> Edition originale de la traduction française; elle renferme de nombreux changements qui la mettent à la portée des lecteurs populaires.

5. CALVIN (Jean). Institution de la religion chrestienne, nouvellement mise en quatre livres et distinguée par chapitres en ordre et méthode bien propre, par Jean Calvin. *A Lion, par Jean Martin,* 1565, in-8, de 100 ff. prélim. et 1256 pag., mar. vert foncé, jans., tr. dor. (*Canape-Belz*).

> Exemplaire un peu court en tête.

6. CALVIN (Jean). Traité des reliques ou advertissement très utile du grand profit qui revient à la chrestienté, s'il se faisoit inventaire de tous les corps, saincts et reliques, qui sont tant en Italie, qu'en France, Allemagne, Espagne & autres royaumes & païs, par J. Calvin. Response aux allegations de Robert Bellarmin, jésuite, pour les reliques. *A Genève, par Pierre de la Rovière,*

1601, in-16, de 8 ff. prélim. et 282 pag., mar. rouge, dent doubl. de tabis bleu, tr. dor. (*Rel. anc.*).

Reliure du xviiie siècle, très fraîche.

7. CAMUS (J.-P.). L'Hermite pelerin et sa peregrination perils, dangers et diuers accidens, tant par mer que par terre. Ensemble de son voyage du Mont-Serrat, Compostelle, Rome, Lorette & Hierusalem, par Monseigneur Jean Pierre Camus, evesque & seigneur de Belley. *A Douay, de l'Imprimerie de Baltazar Bellere*, 1628, in-8, de 298 pag. et 2 ff. non chiff., mar. brun, jans., tr. dor. (*Chambolle-Duru*).

Curieux volume fort rare.

8. CHARITABLE ADMONITION au peuple de France et spécialement aux dames damoiselles & bourgeoises pour les induire à délaisser la vanité mondaine et recourir soudainement à la penitence & amandement de vie & aux magistrats de faire bonne et severe justice des heretiques & autres criminelz de leze majesté diuine et humaine afin d'appaiser l'ire de Dieu & obtenir sa miséricorde. Plus un sonnet sur la mort de feu Henry de Vallois, jadis roy de France. P. S. C. *Paris, Guillaume Bichon*, 1589, in-8, de 28 ff., le dernier non chiff., mar. rouge, jans., tr. dor. (*Pagnant*).

9. DU MOULIN (Charles). Traicté de l'origine, progres et excellence du royaume & monarchie des françois & coronne de France. Œuvre monstrant que toutes monarchies, empires royaumes & seigneuries sont periz et ruinez par l'idolatrie, par messire Charles Du Moulin. *Paris*, 1561, in-8, de 12 ff. prélim. dont le dernier blanc et 80 ff. chiff., veau fauve, fil., tr. dor. (*Rel. mod.*).

Opuscule très rare.

10. DU MOULIN (Charles). Conseil sur le faict du concile de

Trente par messire Charles du Moulin, docteur es droicts, professeur des sainctes lettres... *A Lyon, pour ledit du Moulin,* 1564, in-8, de 4 ff. prélim. et 40 ff. chiff., mar. rouge, jans., tr. dor. (*Pagnant*).

> Première édition, très rare, de cet écrit contre le concile de Trente dont la publication fit mettre l'auteur en prison.

11. IMITATION (L') de Jesus-Christ, traduitte en vers par M. Antoine Tixier, prestre, curé de Varsalieu. *Lyon, Pierre Compagnon,* 1653, in-12, de 4 ff. prélim., 395 pag. et 5 ff. non chiff. pour la table et les errata, mar. rouge, jans., tr. dor. (*Pagnant*).

> Figure gravée sur cuivre en tête du premier livre.
> Volume rare.

12. IMITATION (L') de Jésus-Christ, traduite & paraphrasée en vers françois par P. Corneille. *Paris, Antoine de Sommaville,* 1659, pet. in-12, front. et fig., mar. rouge, fil., dos orné, tr. dor. (*Rel. mod.*).

13. L'ESPINE (J. de). Excellens discours de J. de Lespine, angevin, touchant le repos et contentement de l'esprit, dialogues en sept livres, avec sommaires & annotations qui monstrent l'ordre & la suite des discours. Plus y est adjouste un traité de la providence de Dieu, le tout reveu & recorrigé par l'auteur. *A la Rochelle pour Timothée Ioüan,* 1591, in-16, de 1165 pag. et 1 ff. blanc, mar. rouge, jans., tr. dor. (*Kauffmann*).

> Ce livre, dédié à de La Noue, a été publié par Simon Goulart de Senlis. Cette édition est la première contenant réunis les *Discours* et le *Traité de la Providence.*

14. MORNAY (Philippe de). Traicté de l'église auquel sont disputées les principales questions qui ont esté meuës sus ce point en nostre temps, par Philippes de Mornay, seigneur du

Plessis Marlyn (sic), gentilhomme françois. *Imprimé à Londres par Thomas Vautrellier*, 1578, pet. in-8, de 4 ff. prélim., 282 pag. et 1 f. non chiff., mar. rouge, jans., tr. dor (*Pagnant*).

Première édition, rare, d'un livre qui obtint un grand succès et fut souvent réimprimé.
Bel exemplaire.

15. MORNAY (Philippe de). De la vérité de la religion chrestienne contre les athées, epicuriens, païens, juifs, mahumedistes & autres infidèles, par Philippes de Mornay, sieur du Plessis Marly. *Paris, Jean Richer*, 1582, in-8 de 20 ff. prélim. et 1094 pages, vélin blanc à recouvr. (*Pagnant*).

Titre dans un encadrement gravé sur bois.

16. MORNAY (Philippe de). Le Mystère d'iniquité, c'est à dire l'histoire de la papauté, par quels progrez elle est montée a ce comble & quelles oppositions les gens de bien lui ont faict de temps en temps. Où sont aussi defendus les droicts des empereurs rois & princes chrestiens contre les assertions des cardinaux Bellarmin & Baronius, par Philippes de Mornay. *S. l. (Genève)*, 1612, in-8, de 22 ff. prél. dont un front. gravé, 660 ff. chiff. et 7 ff. non chiff. pour la table et les errata, mar. rouge, jans., tr. dor. (*Pagnant*).

17. VRAYE HISTOIRE (La), contenant l'inique jugement & fausse procedure faite contre le fidele seruiteur de Dieu Anne du Bourg, conseillier pour le Roy, en la Cour de parlement de Paris, & les diuerses opinions des Présidens & conseilliers, touchant le fait de la religion chrestienne. Les demandes faites audit du Bourg & les responses d'iceluy, avec sa confession de foy, son constant martyre & heureuse mort pour soustenir la querele de nostre Seigneur Jesus Christ. Semblablement ce qui a esté fait contre quatre desdits conseilliers,

prisonniers pour la mesme cause. S. l., 1561, pet. in-8, de 109 pag., mar. olive, fil., tr. dor. (*Rel. anc.*).

>Relation rare du procès et de l'exécution d'Anne Du Bourg. Exemplaire relié par Derome.

SCIENCES ET ARTS

I. — PHILOSOPHIE, MORALE, ÉCONOMIE DOMESTIQUE, POLITIQUE

18. BOECE. Severin Boece, de la consolation de la philosophie, traduict de latin en françois, par le sieur de Malassis de Mente. *Paris, Jean Borel,* 1578, in-8, de 8 ff. prélim., 107 ff. chiff. et 3 ff. blancs, parch. à recouv. (*Rel. anc.*).

> Première édition de cette traduction en vers et en prose ; elle est peu commune.

18 *bis*. CATON. Les quatre liures de Caton, pour la doctrine de la jeunesse, par F. H. (François Habert). *A Paris, de l'Imprimerie de Richard Breton,* 1568, 48 ff., le dernier non chiff. — Union des sentences de philosophie. *Ibid., id.,* 1565, 48 ff. chiff. — Ens. 2 ouvrages en 1 vol. in-8, mar. rouge, fil., milieu orné, tr. dor. (*Pagnant*).

> Le premier volume renferme 49 quatrains et autant d'épigrammes suivis de l'*Homme prudent*, traductions de Beroalde par F. Habert, et de trois cantiques *devant & après le repas.*
>
> Les *Sentences* du second volume sont classées par ordre alphabétique, avec les noms des auteurs mis en manchettes.
>
> Curieux ouvrages imprimés en caractères de civilité. Ils sont très grands de marges, avec de nombreux feuillets non rognés.

19. CICERON. Les questions tusculanes de Marc Tulle Ciceron. Nouuellement traduictes de latin en francoys par Estienne Dolet. *Paris, Arnoul l'Angelier,* 1543, in-16, de 148 ff. chiff. et de 11 ff. non chiff., le dernier blanc avec la marque des Angeliers au verso, mar. citron, fil., doubl. de mar. rouge, dent., tr. dor. (*Pagnant*).

Cachet de la bibliothèque J. Richard au second feuillet.

20. SÉNÈQUE (L.-A.). Les Authoritez, sentences et singuliers enseignemens du grant censeur, poëte, orateur et philosophe moral Seneque, tant en latin comme en francoys, auecques aucunes concordances des saiges & anciens philosophes pour lintroduction & information des sciences & vertus. *Paris, Denis Janot et Jehan Longis, s. d.* (1534), in-8, de 118 ff. non chiff., veau fauve, fil., tr. dor. (*Koehler*).

Cachet de la bibliothèque G. Richard sur le titre et au troisième feuillet.

21. SÉNÈQUE (L.-A.). Les Œuvres morales et meslées de Senecque, traduites de latin en françois par Simon Goulart, Senlisien. *Paris, Jean Houzé,* 1598, 2 part. en 1 vol. in-fol., vélin, fil., milieu orné, tr. dor. (*Rel. anc.*).

La seconde partie renferme les *Fragmens de plusieurs anciens philosophes stoïques, nouvellement recueillis en un corps, avec un ample discours sur leur doctrine.*
Piqûres de vers.

---

22. BOAISTUAU. L'Histoire de Chelidonius Tigurinus sur l'institution des princes chrestiens & origine des royaumes, traduite de latin en françois, par Pierre Boistuau, surnommé Launay, natif de Bretaigne. *A Paris, pour Vincent Norment & Jeanne Bruneau,* 1567, in-8, de 16 ff. prélim. et 112 ff. chiff.,

mar. brun, fil. à froid, médaillon doré au milieu des plats, tr. dor. (*Capé*).

On sait que *Chelidonius Tigurinus* est un nom supposé par Boaistuau.

23. CASTIGLIONE. Le Courtisan de Messire Baltazar de Castillon, nouvellement reveu et corrigé. *Auec privilége royal pour trois ans* (*Lyon*), *François Juste*, 1538. 4 livres en un vol. in-8, mar. brun, dent., milieu orné d'une rosace à pet. fers dans un losange de fil., dor. et dent. à froid, angles ornés d'un semis de petits fers et de points dor., dos orné, large dent. int., doubl. et gardes de tabis rouge, tr. dor.

Traduction de Colin, corrigée par Mellin de Saint-Gelais ; le texte est entouré de bordures gravées sur bois.

Très curieuse reliure de CourtevaL, très bien conservée.

24. CASTIGLIONE. Les quatre livres du Courtisan du conte Baltazar de Castillon. Reduyct de langue ytalicque en françoys. *S. l. n. d.* (*Lyon, Antoine de Harsy*, vers 1537), 4 livres en 1 vol. in-8, réglé, de 55 ff. dont 1 blanc, 70, 52 et 50 ff., mar. rouge, jans., tr. dor. (*Trautz-Bauzonnet*).

Traduction de Jacques Colin, d'Auxerre, imprimée en lettres rondes. Chaque livre a son titre spécial.

Bel exemplaire de la bibliothèque du baron de Ruble. En tête du volume, note de 2 pages sur le livre par A. Veinant.

25. CHARRON (Pierre). De la Sagesse, livres trois, par M. Pierre le Charron, parisien. *A Bourdeaus, par Simon Millanges*, 1601, in-8, de 10 ff. prélim. non chiff., 772 pag. et 4 ff. non chiff. pour la table et les errata, mar. La Vall., milieu orné de comp. de fil. et de feuillages, tr. dor. (*Capé*).

Edition originale.

26. CHARRON (Pierre). Traité de sagesse composé par Pietre Charron, parisien, docteur és droicts, chantre & chanoine theologal de Cōdom, plus quelques discours chrestiens du mesme

autheur, qui ont esté trouuez apres son decez, auec son portraict au naturel & l'éloge ou sommaire de sa vie. Le tout dédié à Monseigneur de Harlay, premier président. *A Paris, chez David le Clerc*, 1608, in-8, de 13 ff. non chiff. et 94 pag., la dernière non chiff., mar. brun, jans., tr. dor.

> Beau portrait de Charron gravé par *Léonard Gaultier* au verso du cinquième feuillet préliminaire.
> Sommaire ou abrégé par P. Charron de son traité de *La Sagesse*, sommaire publié, après sa mort, par Gabriel Michel de Rochemaillet, qui l'a fait précéder d'une vie de Pierre Charron.

27. CORLIEU (Girard). Instruction pour tous estats. En laquelle est sommairement declairé comme chacun en son estat se doit gouuerner et vivre selon Dieu. Par Girard Corlieu d'Angoulesme. *Paris, de l'Imprimerie de Richard Breton*, 1571, in-8, de 126 ff. chiff. et 2 ff. de table non chiff., mar. vert, milieu orné, tr. dor. (*Chambolle-Duru*).

> Volume imprimé en caractères de civilité.
> Exemplaire du baron Pichon.

28. GUEVARA. Du Mespris de la Court et de la louange de la vie rusticque. Nouuellement traduict d'hespaignol en francoys (par d'Allègre). *Imprimé à Paris, par Adam Saulnier*, 1543, in-16, de 110 pag. et 1 f. blanc, mar. rouge, fil., dos orné, tr. dor. (*Trautz-Bauzonnet*).

> Joli exemplaire.

29. GUEVARA. L'Horloge des princes, avec le très renommé livre de Marc Aurele, recueilly par don Antoine de Guevare, traduict en partie de Castilian en françois par feu N. de Herberay, seigneur des Essars & depuis reueu et corrigé nouuellement outre les precedentes impressions. *Paris, Michel Sonnius*, 1576, in-8, vélin à recouv. (*Pagnant*).

30. LA RIVEY (Pierre de). La Philosophie fabuleuse par lequel

sous le sens allegoric de plusieurs belles fables, est monstrée l'envie, malice & trahison d'aucuns courtisans, traictant sous pareilles allégories de l'amitié et choses semblables, par Pierre de la Rivey. *A Rouen, chez Robert de Rouves*, 1620, in-12, de 6 ff. prél., 535 pag. et 7 ff. de table non chiff., vélin à recouv. (*Rel. anc.*).

> Volume rare, non cité par Brunet et qui manquait à la *Bibliothèque champenoise* publiée par Techener.

31. MORUS (Thomas). La description de l'isle d'Utopie ou est comprins le miroer des republicques du monde & l'exemplaire de vie heureuse : redigé par escript en stille tres elegant de grand'hautesse & majesté par illustre bon & scauant personnage Thomas Morus citoyë de Londre & chancelier d'Angleterre. Avec lespitre liminaire composée par Monsieur Budé maistre des requestes du feu Roy Francoys premier de ce nom. *Les semblables sont à vendre au Palais à Paris... en la boutique de Charles l'Angelier*, 1550, pet. in-8, de 8 ff. prélim., 105 ff. chiff. et 7 ff. non chiff., mar. rouge, milieu orné, tr. dor. (*Trautz-Bauzonnet*).

> Première édition française dont le traducteur est Jean Le Blond, sieur de Brainville; elle est ornée de jolies figures sur bois.

32. PATRICE (François). Le Livre de police humaine, contenant brieue description de plusieurs choses dignes de memoire si comme du gouvernement d'un royaume & de toute administration de la republique, ou sont assemblées par un recueil maintes belles sentences d'historiens & philosophes, & divers propos & faictz d'hommes prudens, qui est un œuure veritablement beau, noble & excellent, fort necessaire à toutes gens qui sont en cette mortelle vie et qui desirent parvenir à fin eureuse. Lequel a esté extraict des grandz & amples volumes de François Patrice, natif de Senes en Italie, éuesque de Caiete, par maistre Gilles d'Aurigny & nouuellement traduict de latin

en françois par maistre Jehan le Blond curé de Branville. *1544, on les vend à Paris par Charles l'Angelier,* in-8, de 8 ff. prélim., 101 ff. chiff. et 11 ff. de table non chiff., cartonn. de mar. rouge, jans., tr. dor. (*Pagnant*).

> Première édition de cet ouvrage, très bien imprimée en lettres rondes.
> Bel exemplaire.

33. PROSE CHAGRINE. *Paris, Augustin Courbé,* 1661, 3 part. en 1 vol. pet. in-12, mar. rouge, jans., tr. dor. (*Pagnant*).

34. RÉGNIER DE LA PLANCHE. Du grand et loyal devoir, fidélité et obéissance de messieurs de Paris envers le Roy & couronne de France adressée à messieurs Claude Guyot, seigneur de Charmeaux, Jehan Le Sueur, Pierre Prevost, Jehan Sanguin & Jehan Meraut (par Regnier de la Planche). *S. l.,* 1565, in-8, veau fauve, fil., tr. dor. (*Rel. anc.*).

35. SYDRACH. Mil quatre vingtz et quatre demandes, avec les solutions et responses à tous propoz, œuvre curieux et moult récréatif, selon le saige Sidrach. *On les vend à Paris, en la boutique de Galliot du Pré,* 1531, petit in-8, de 32 ff. non chiff.. 271 chiff. et un feuillet pour la marque, mar. rouge, jans., tr. dor. (*Pagnant*).

> Ouvrage curieux, orné de 2 figures gravées sur bois ; le verso du dernier feuillet est occupé par la marque de Pierre Vidoue, imprimeur du livre.

36. TYARD (Pontus de). Les discours philosophiques. *Paris, Abel L'Angelier,* 1587, in-4, de 2 ff. prél., 368 ff. chiff. et 12 ff., mar. brun, comp. de fil., dos orné, tr. dor. (*Capé*).

> Exemplaire grand de marges, incomplet de 2 ff. prélim. dont un renferme le portrait de Pontus de Tyard, gravé par T. de Leu.
> Réunion de divers traités parus séparément.
> Grande planche du *Monocorde*, gravé sur bois à la fin du volume.

37. VIVES (Louis). L'Institution de la femme chrestienne tant en son enfance, que mariage & viduité. Avec l'office du mary. Le tout composé en latin par Loys Vives et nouuellement traduit en langue françoise par Pierre de Changy escuier. *A Lyon, par Jean de Tournes,* 1547, in-16, réglé, de 316 pag. et 1 f. non chiff. blanc, contenant au verso la marque de J. de Tournes, mar. rouge, jans., tr. dor. (*Trautz-Bauzonnet*).

> Première édition de cette traduction souvent réimprimée.
> Joli exemplaire de M. de Fresne.

MONTAIGNE, MADEMOISELLE DE GOURNAY,
LA BOËTIE.

38. MONTAIGNE. Essais de messire Michel, seigneur de Montaigne. Livre premier et second, *A Bourdeaus, par S. Millanges,* 1580, 2 tomes en 1 vol. pet. in-8, mar. rouge foncé, dent. int., tr. dor., étui (*Pagnant*).

> ÉDITION ORIGINALE, devenue très rare, des deux premiers livres des *Essais*.
> Le titre et le premier feuillet de texte du premier volume sont refaits en fac-similé.
> Raccommodages.

39. MONTAIGNE. Essais de messire Michel, seigneur de Montaigne. Edition seconde, reveuë et augmentée. *A Bourdeaus, par S. Millanges,* 1582, in-8, de 4 ff. prélim. non chiff., 806 pp. et 1 feuillet pour le privilège, mar. rouge, jans., tr. dor. (*Pagnant*).

> Seconde édition des *Essais*, contenant seulement les deux premiers livres ; elle a été revue et augmentée par l'auteur.

40. MONTAIGNE. Les Essais de Michel, seigneur de Montaigne. Cinquiesme édition, augmentée d'un troisiesme livre et de

six cens additions aux deux premiers. *A Paris, chez Abel L'Angelier*, 1588, in-4, de 4 ff. prélim. non chiff. et 496 pp., mar. grenat, jans., dent. int.. tr. dor. (*Pagnant*).

    Dernière édition publiée du vivant de Montaigne, lequel mourut en 1592, et la première renfermant le troisième livre.

    Exemplaire ayant le titre et les 3 ff. préliminaires refaits en fac-similé et de petits trous aux ff. 255 et 359.

    Il est grand de marges, avec témoins.

41. MONTAIGNE. Essais de Montaigne, édition de 1588, 1 tome divisé en 4 vol. in-4 vélin à recouv. (*Pagnant*).

    Exemplaire remonté sur papier in-4 et dans les marges duquel on a transcrit avec le plus grand soin les annotations du précieux exemplaire de la bibliothèque de Bordeaux. De nombreuses notes de M. Courbet sont inscrites sur des feuillets séparés reliés dans les volumes. C'est l'exemplaire dont il s'est servi pour l'édition des *Essais* en cours d'impression à l'Imprimerie nationale.

    Le titre de cet exemplaire est en fac-similé, les ff. préliminaires, les ff. 111, 177 à 180 sont manuscrits.

42. **MONTAIGNE**. Les Essais de Michel, seigneur de Montaigne. Edition nouvelle trouvée après le deceds de l'autheur reueuë & augmentée par luy d'un tiers plus qu'aux précédentes impressions. *A Paris, chez Abel L'Angelier*, 1595, in-fol., mar. vert., jans., dent. int.. tr. dor. (*Pagnant*)

    Excellente édition publiée par Mlle de Gournay après la mort de Montaigne et d'après ses manuscrits.

    Exemplaire dont le verso du dernier feuillet de table contient l'avis au lecteur : *C'est icy un livre de bonne foy*. Il a appartenu à Antoine de Laval, auteur des *Desseins de professions* (Voir n° 257), qui l'a copieusement annoté dans les marges et a écrit sur le titre : *J'ay cogneu & frequenté fort familierem l'auteur*. DE LAVAL et plus bas : *Des Liures d'Antoine de Laval, geographe du Roy*, 1597.

    Cet exemplaire contient les pages 63-64, 69-70 non cartonnées et avant les additions faites vers 1598 par Mlle de Gournay dans les exemplaires non vendus à ce moment.

43. MONTAIGNE. Les Essais de Michel, seigneur de Montaigne. Edition nouvelle, prise sur l'exemplaire trouvé après le deceds de l'autheur, reveu & augmenté d'un tiers outre les précédentes impressions. *Paris, Abel L'Angelier,* 1598, in-8, de de 4 ff. prélim., 1165 pag. chiff. et 1 page non chiff. pour le privilège, mar. rouge, fil., dos orné, tr. dor. (*Chambolle-Duru*).

    Edition précédée d'un avis de Mlle de Gournay dans lequel elle rétracte sa préface de 1595 : *Préface que l'aveuglement de mon aage & d'une violente fieure d'ame me laissa n'aguères echapper des mains.*
    Le titre est dans un encadrement gravé sur bois.

44. MONTAIGNE. Les Essais de Michel, seigneur de Montaigne. Edition nouvelle prise sur l'exemplaire trouué après le deceds de l'autheur, reveu & augmenté d'un tiers oultre les precedentes impressions. Enrichis de deux tables curieusement exactes et élabourées. *Paris, Abel L'Angelier,* 1602, in-8, titre gravé, 3 ff. prélim., 1165 pag. et 38 ff. non chiff. de tables, mar. rouge, fil., dos orné, tr. dor. (*Hardy-Mennil*).

    Edition précédée de l'avis de Mlle de Gournay du numéro précédent dont elle est la réimpression exacte augmentée de tables.
    Portrait de Montaigne, par *Ficquet,* ajouté.

45. MONTAIGNE. Les Essais de Michel, seigneur de Montaigne. Edition nouuelle enrichie d'añotations en marge, corrigée & augmentée d'un tiers outre les précédentes impressions, avec une table très ample des noms et matières remarquables et signalées, plus la vie de l'autheur extraite de ses propres escrits. *Paris, Michelle Nivelle,* 1611, in-8, de 8 ff. prél. y compris le titre gravé et le portrait de Montaigne par Thomas de Leu, 1129 pag. et 18 ff. de table, mar. vert foncé, jans., tr. dor. (*Kauffmann*).

    Edition absolument semblable à celle de 1608 publiée par le même imprimeur ; la date 1608 du titre a été changée en 1611.

46. MONTAIGNE. Les Essais de Michel, seigneur de Montaigne. Edition nouvelle exactement corrigée selon le vray exemplaire, enrichie en marge du nom des autheurs citez et de la version de leurs passages mise à la fin de chaque chapitre. Avecque la vie de l'autheur, plus deux tables : l'une des chapitres & l'autre des principales matières. *Paris, Jean Camusat*, 1635, in-fol., veau fauve, fil., tr. jasp. (*Rel. anc.*).

>Édition dédiée au cardinal de Richelieu par Mlle de Gournay et contenant la préface, remaniée, faite par cette dernière pour l'édition de 1595. Elle est ornée du portrait de Montaigne.

47. MONTAIGNE. Les Essais de Michel, seigneur de Montaigne. *Paris, Augustin Courbé*, 1652, in-fol., dem.-rel. peau de truie, tr. jasp.

>Edition faite sur celle de 1635 ; elle est ornée du même portrait.

48. SEBON (Raymond). La Théologie naturelle de Raymond Sebon, traduite en françois par Messire Michel, seigneur de Montaigne. Dernière édition reueuë & corrigée. *Paris, Daniel Guillemot*, 1611, in-8, de 6 ff. prél., 891 pag. et 24 ff. de table non chiff., parch. (*Rel. anc.*).

49. GOURNAY (Mademoiselle de). Les Advis, ou les presens de la demoiselle de Gournay. Troisiesme édition augmentée, reueuë & corrigée. *A Paris, chez Jean Du Bray*, 1641, in-4, de 12 ff. prélim. et 995 pag. chiff., mar. vert, fil. à froid, tr. dor. (*Duru*).

>Exemplaire du baron Double renfermant le second feuillet préliminaire qui contient le portrait de Mlle de Gournay, gravé par *Matheus*. Ce portrait a été retiré à la plupart des exemplaires par l'auteur. Voir la notice publiée sur ce portrait par M. Courbet dans le *Bulletin du Bibliophile*, année 1900.

50. GOURNAY (Mademoiselle de). Le Proumenoir de mon-

sieur de Montaigne, par sa fille d'alliance (Mlle de Gournay). *A Paris, chez Abel l'Angelier*, 1594, petit in-12, de 107 ff., mar. rouge, dent. int., tr. dor. (*Pagnant*).

Première édition de ce volume qui renferme une nouvelle en prose et un certain nombre de pièces de vers : *Version du second livre de l'Æneide*. — *Bouquet poétique, ou mélanges. Pastorelle pour une princesse absente de Monsieur son mary*. — *Epigrammes*. — *Quatrins pour la Maison de Montaigne*, etc.

L'Epître qui se trouve en tête du volume explique ce titre de « Proumenoir » « *Vous entendez-bien, mon père (M. de Montaigne) que je nomme cecy vostre* « Proumenoir », *parce qu'en nous proumenant ensemble, il n'y a que trois jours, je vous contay l'histoire qui suit.....* »

Le titre du volume manque.

51. GOURNAY (Mademoiselle de). Le Proumenoir de Monsieur de Montaigne par sa fille d'alliance. Edition troisiesme plus correcte & plus ample que les précedentes. *A Paris, chez Abel l'Angelier*, 1599, pet. in-12, de 5 ff. prélim., 123 ff. chiff. 1-77, 87-132, 1 f. de privilége et 1 f. blanc, mar. rouge, fil. dos orné, tr. dor. (*Cuzin*).

Édition toute différente de la précédente. Plusieurs des poésie ont été supprimées, l'ordre n'est plus le même, mais on y a ajoû la préface des *Essais*. Le texte de cette préface a été fortement remanié par Mlle de Gournay, il diffère beaucoup avec celui de 1595.

52. LA BOETIE (Estienne de). La Mesnagerie de Xenophon. Les Regles de mariage de Plutarque. Lettre de consolation de Plutarque à sa femme. Le tout traduict de grec en françois par feu M. Estienne de la Boëtie, conseiller du Roy en sa court de Parlement à Bordeaux. Ensemble quelques vers latins et françois de son invention. Item un Discours sur la mort dudit seigneur de la Boetie, par M. de Montaigne. *A Paris, de l'Imprimerie de Federic Morel*, 1571, 2 part. en 1 vol. in-8, réglé, de 131 ff. et 1 f. blanc pour la première partie et 19 ff. chiff. et 1 f. blanc pour les *vers françois*, mar. rouge compart. de fil.,

droits et courbes, angles et milieu ornés, dos orné, tr. dor. (*Pagnant*).

Ce volume a été publié par Montaigne en l'honneur de son ami Étienne de La Boëtie ; il renferme cinq épîtres de Montaigne une en tête de chaque traité ; l'une d'elles, adressée à Montaigne père, contient *quelques particularitez qu'il remarqua en la maladie et mort de feu monsieur de La Boetie*. A la fin du volume se trouve les « *Vers françois de feu Estienne de la Boëtie* », comprenant 19 feuillets avec titre particulier à la date de 1572.

L'exemplaire est bien conservé, sauf une marge réparée au premier titre.

II. — SCIENCES NATURELLES ET MÉDICALES CHASSE

53. PALISSY (Bernard). Discours admirables de la nature des eaux et fontaines, tant naturelles qu'artificielles, des métaux, des sels et salines, des pierres, des terres, du feu & des emaux. Avec plusieurs autres excellens secrets des choses naturelles, plus un traité de la marne, fort utile & necessaire pour ceux qui se mellent de l'agriculture. Le tout dressé par dialogues esquels sont introduits la theorique & la practique, par Bernard Palissy. *Paris, Martin le Jeune,* 1586, in-8, de 8 ff. prélim., 361 pag. et 11 ff. de table non chiff., mar. rouge, fil., dos orné, tr. dor. (*Trautz-Bauzonnet*).

Bel exemplaire de la vente Turner.

54. SERRES (Olivier de). Le Théatre d'agriculture & mesnage des champs d'Olivier de Serres, seigneur du Pradel. *Paris, Jean Berjon,* 1608, in-4, titre gravé, vélin à recouv. (*Rel. anc.*).

Quatrième édition revue et augmentée par l'auteur.
Piqûres de vers.

55. ÆGINETA (Paulus). La Chirurgie de Paulus Ægineta qui est le sixiesme liure de ses œuures. Item, un opuscule de Galien, des tumeurs contre nature. Plus, un opuscule dudict Galien, de la manière de curer par abstraction de sang. Le tout traduict de latin en françoys par Maistre Pierre Tolet, medecin de l'Hospital de Lyon. *Chez Estienne Dolet, à Lyon*, 1540, in-8, de 556 pag. et 1 f. non chiff. contenant la grande marque de Dolet, mar. vert, fil. à froid, fleuron aux angles, tr. dor. (*Petit-Simier*).

    Édition peu commune imprimée en gros caractères ronds et la première donnée par Dolet.

56. ÆGINETA (Paulus). La Chirurgie de Paulus Ægineta. Nouuellement traduicte de grec en françoys. *A Lyon, chés Estienne Dolet*, 1542, in-8, de 219 pag., mar. brun, fil. à froid, fleuron aux angles, tr. dor. (*Masson-Debonnelle*).

    Seconde édition donnée par Dolet de la traduction de Pierre Tolet ; elle est imprimée en lettres italiques.

    Sur le titre et le dernier feuillet signature de Louis François, chirurgien et oculiste du xvie siècle.

57. CAULIAC (G. de). Prologue & chapitre singulier de tres excellent docteur en medecine & chirurgien maistre Guidon de Cauliac. Le tout nouuellement traduict & illustré de commentaires par maistre Jehan Canappe, docteur en medecine. *Chés Estienne Dolet à Lyon*, 1542, in-8, de 128 pag., la dernière non signée, mar. rouge foncé, jans., tr. dor. (*Pagnant*).

    Édition peu commune.

58. FERRAND (Jacques). De la Maladie d'amour, ou Melancholie erotique. Discours curieux qui enseigne à cognoistre l'essence, les causes, les signes et les remedes de ce mal fantastique, par Iacques Ferrand, Agenois. *Paris, Denis Moreau*, 1623, in-8, de 20 ff. prélim., 270 pag. et 5 ff. non chiff. pour la table des auteurs cités dans ce traité, mar. citron, fil., dos

orné, doublé de mar. rouge, large dent., tr. dor. (*Chambolle-Duru*).

Bel exemplaire bien conservé.

59. FICINUS. Le premier liure de Marsille Fiscine de la vie saine (et second livre de la vie longue) traduict de latin en francoys par maistre Jehā beaufilz aduocat au chastelet de Paris, 1541. *On les vend à Paris... par Denys Janot,* très pet. in-8, goth., de 52 ff. pour le premier livre, 8 ff. prélim. dont le dernier blanc, 51 ff. chiff. et 1 f. blanc pour le second livre, mar. brun, comp. de fil. à froid, fleurons et milieu dor., tr. dor. (*Claessens*).

Exemplaire bien conservé de la première traduction française.

60. GALIEN. Du Mouvement des muscles, livre deux. Autheur Galien. Nouvellement traduict de latin en francoys par Monsieur maistre Iehan Canappe, docteur en medecine. *A Lyon, chez Sulpice Sabon pour Antoine Constantin, s. d.* (1541), in-8, de 83 pag. et 2 ff. non chiff., mar. rouge, jans., tr. dor. (*Pagnant*).

Joli exemplaire bien conservé.

61. GALIEN. Deux livres des simples de Galien, c'est assauoir le cinquiesme et le neufuiesme. Nouuellement traduicts de latin en francoys par Monsieur maistre Jehan Canappe, docteur en medecine. *A Lyon, par Estienne Dolet,* 1542, in-8, de 162 pag., marque de Dolet au verso de la page 162, mar. brun, fil. à froid, tr. marb. (*Rel. mod.*).

62. JOUBERT (Laurent). Erreurs populaires et propos vulgaires touchant la medecine et le regime de santé expliquez et refutez par M. Laur. Joubert. Reveue, corrigée & augmentée jusque de la moitié. *A Bourdeaus par Millanges,* 1579, 2 tomes en 1 vol. in-8, de 56 pag. prélim., 648 pag. & 1 f. de privilège non chiff. pour la première partie, 28 ff. prélim., 287

pag., et 2 ff. non chiff. pour la seconde, mar. rouge, fil. à froid, tr. dor. (*Thompson*).

Portrait de Laurent Joubert, gravé sur bois, à la seconde partie.

Bel exemplaire, bien conservé, provenant des bibliothèques Yemeniz et Renard.

63. LIEBAUT (Jean). Trois livres de la santé, foecundité et maladies des femmes, pris du latin de M. Jean Liebaut, docteur medecin à Paris, et faicts françois. *Paris, Jacques du Puys,* 1582, in-8, de 8 ff. prélim., 923 pag., 8 ff. de table non chiff. et 2 ff. blancs, veau marb., tr. rouges (*Rel. anc.*).

Bon exemplaire d'un livre peu commun.

64. MEIBOMIUS. De l'Utilité de la flagellation dans la medecine et dans les plaisirs du mariage, et des fonctions des lombes et des reins ; ouvrage singulier traduit du latin de Meibomius. *Besançon, Imp. de Metoyer ainé,* 1801, in-8, mar. rouge à longs grains, fil. dor., dent. et milieu à froid (*Ginain*).

Bel exemplaire de Charles Nodier, avec cette note de lui : « Édition sévèrement prohibée, dont il n'a été sauvé que douze exemplaires. »

Jolie figure ajoutée.

65. SYLVIUS (Jacques). Livre de la generation de l'homme tresutile & tresnecessaire a scauoir, recueilly des antiques & plus seurs autheurs de medecine & philosophie par Jacques Sylvius jadis docteur & professeur du Roy en l'art de medecine à Paris & depuis mis en françois par Guillaume Chrestian, medecin ordinaire du Roy & de messeigneurs ses enfants. *A Paris, chez Guillaume Morel,* 1559, in-8, de 286 pag., mar. rouge, plats couverts de compart. de fil. entrelacés et de fers azurés xvie siècle, tr. dor. (*Pagnant*).

Ce volume rare renferme en plus du *Livre de la génération*, deux autres traités occupant les pages 74 à 286, le dernier avec titre spécial : *Le Livre d'Hippocrate de la geniture.* — *Livre de la nature et utilité des moys des femmes.*

66. **THIERRY DE HÉRY.** La Méthode curatoire de la maladie vénérienne vulgairement appellée grosse vérolle & de la diversité des ses symptomes, composée par Thierry de Héry, lieutenant general du premier barbier du Roy. *Paris, Nicolas Pepingué,* 1660, in-8, de 6 ff. prélim. et 208 pag.. parch. (*Rel. anc.*).

---

67. **CLAMORGAN** (Jean de). La Chasse du loup nécessaire à la maison rustique, par Jean de Clamorgan. *A Lyon pour Jaques du Puys,* 1583, in-4, de 19 ff., fig. sur bois, vélin (*Rel. mod.*).

Fortes restaurations aux coins de plusieurs feuillets.

68. **FOUILLOUX** (Jacques du). La Venerie de Jaques du Fouilloux, gētilhomme, seigneur dudit lieu au païs de Gastine en Poitou. Avec plusieurs receptes & remedes pour guerir les chiens de diverses maladies. *A Paris, pour Galiot du Pré,* 1573, in-4, figures sur bois, 136 ff. chiff. et 7 ff. non chiff. pour le Recueil des mots, dictions et manières de parler en l'art de venerie et la table, mar. rouge, jans., tr. dor. (*Pagnant*).

Les 3 ff. de table, qui doivent se trouver en tête du volume, ont été placés à la fin.

Belle édition, rare, de la *Venerie* de De Fouilloux.

Cet exemplaire renferme le titre qui contient au recto la grande marque de G. du Pré et au verso, la grande figure gravée sur bois représentant Du Fouilloux offrant son livre au roi.

BELLES-LETTRES

I. — LINGUISTIQUE

69. DICTIONNAIRE DES HALLES (Le), ou extrait du dictionnaire de l'Académie françoise. *A Bruxelles, François Foppens*, 1696, in-12, de 6 ff. prélim. et 228 pag., veau fauve, fil., dos orné, tr. dor. (*Rel. mod.*).

> Ouvrage attribué à Artaud.

70. ESTIENNE (Henri). Traicte de la conformité du language François avec le Grec, diuisé en trois liures. En ce Traicté sont descouuerts quelques secrets tant de la langue Grecque que de la Françoise : duquel l'auteur & imprimeur est Henri Estiene, fils de feu Robert Estienne. *S. l. n. d.*, marque de H. Estienne (*Genève*, vers 1565), pct. in-8, de 16 ff. prélim. et 159 pp. chiff., mar. rouge, jans., tr. dor. (*Pagnant*).

> ÉDITION ORIGINALE de ce traité fort curieux. Elle a été imprimée à Genève, en 1565, au plus tard.
> Cette première édition est la plus recherchée, parce qu'elle contient différents passages qui n'ont pas été réimprimés dans la seconde.
> Bel exemplaire.

71. ESTIENNE (Henri). Traicté de la conformite du langage François avec le Grec, diuisé en trois liures. *S. l. n. d.* (marque d'H. Estienne), in-8, de 16 ff. prélim. et 159 pag., mar. rouge, fil. à froid, fleuron doré aux angles et au milieu, tr. dor. (*Capé*).

    Autre exemplaire de l'édition originale.

72. ESTIENNE (Henri). Project du livre intitulé de la precellence du langage françois, par Henri Estienne. *Paris, Mamert Patisson*, 1579, in-8, de 16 ff. prélim. et 295 pag., veau fauve, fil., dos orné, tr. dor. (*Rel. anc.*).

    Exemplaire bien conservé de la première édition.
    De la bibliothèque du baron R. Portalis.

73. ESTIENNE (Henri). Deux dialogues du nouveau langage François, italianizé, & autrement desguizé, principalement entre les courtisans de ce temps : de plusieurs nouveautez, qui ont accompagné ceste nouveauté de langage : de quelques courtisanismes modernes, & de quelques singularitez courtisanesques (Par Henri Estienne). *S. l. n. d. (Genève*, 1578), pet. in-8, de 16 ff. prélim. et 623 pag., mar. vert foncé, fil. à froid, chiffre sur le dos, tr. dor. (*Trautz-Bauzonnet*).

    Première édition recherchée.
    Bel exemplaire du baron de Ruble.

74. ESTIENNE (Henri). Deux dialogues du nouueau langage françois italianizé. *S. l. n. d. (Genève*, 1578), in-8, de 16 ff. prélim. et 623 pag., mar. vert à longs grains, fil. doré, pet. dent. et milieu à froid, tr. dor. (*Ginain*).

    Première édition.
    Exemplaire de Charles Nodier.

75. FORMULARIUM latino gallicum ex optimis quibusque authoribus in gratiã atque utilitatem puerorum selectum. AEditio postrema multo locupletior. *Parisiis, ex officina Lud.*

Gradini, 1548, in-8, de 63 pag., mar. rouge, fil. à froid, tr. dor. (*Duru*).

Volume rare, la traduction française est placée à la suite du texte latin.

Exemplaire grand de marges de la bibliothèque Yemeniz.

76. FOUQUELIN (Antoine). La Rhétorique françoise d'Antoine Fouquelin de Chauny en Vermandois. A très illustre princesse Madame Marie, royne d'Ecosse. Nouuellement reueüe & augmentée. *A Paris, de l'Imprimerie d'André Wechel,* 1557, in-8, de 64 ff. dont le dernier blanc contient au verso la marque du libraire, mar. bleu, fil., dos orné, tr. dor. (*Thompson*).

Bel exemplaire, grand de marges.

77. LA PORTE (De). Les Épithètes de M. de la Porte, parisien. Liure non seulement utile à ceux qui font profession de la poësie mais fort propre aussi pour illustrer toute autre composition françoise. Auec briefues annotations sur les noms & dictions difficiles. *Paris, Gabriel Buon,* 1571, in-8, de 4 ff. prélim. et 284 ff. chiff., mar. rouge, fil., dos orné, tr. dor. (*Rel. anc.*).

Première édition de cet ouvrage curieux. Reliure du xviiie siècle. Forte mouillure.

78. PELETIER du Mans (Jacques). Dialogue de l'ortografe e prononciacion françoese, departi an deus livres, par Jaques Peletier du Mans. *A Lyon, par Ian de Tournes,* 1555, in-8, encad. au titre gravé sur bois, 136 pag. et 4 ff. non chiff., mar. rouge, jans., tr. dor. (*Thibaron-Joly*).

Bel exemplaire.

79. RAMUS (P.). Grammaire de P. de La Ramée, lecteur du Roy en l'Université de Paris. A la Royne, mère du Roy. *A Paris, de l'Imprimerie d'André Wechel,* 1572, in-8, de 10 ff.

prélim. dont le dernier blanc et 211 pag., mar. bleu foncé, fil., milieu orné d'un médaillon de fil. et feuillages, dos orné, tr. dor. (*Lortic*).

> Seconde édition plus complète que la première de 1562.
> Bel exemplaire grand de marges.

II. — POÉSIE

a. — Poètes grecs et latins.

80. DENYS ALEXANDRIN, de la situation du monde, nouuellement traduict de grec en françois & illustré de commentaires pour l'esclaircissement des lieux les plus remarquables contenus en cest œuvre, par Benigne Saumaize. *Paris, Adrian Périer*, 1597, in-12, réglé, de 8 ff. prélim. dont le premier blanc et 124 ff. mal chiff., mar. rouge, fil. à froid, tr. dor. (*Lortic*).

> Joli portrait de Henri IV au verso du dernier feuillet préliminaire.
> Traduction, en vers, peu commune.

81. HOMÈRE. Les dix premiers livres de l'Iliade d'Homère prince des poetes : traduictz en vers françois par M. Hugues Salel, de la chambre du Roy & abbé de Saint Cheron. *A Paris, par Estienne Groulleau*, 1555, in-8, titre et 183 ff. chiff., cuir de Russie, fil. à froid, tr. dor. (*Pagnant*).

> Cette édition contient les dix premiers livres de la traduction de Hugues Salel.
> Petit raccommodage dans la marge du haut des premiers feuillets.

82. HOMÈRE. Les unzieme & douzieme livres de l'Iliade d'Homère traduictz de grec en frãçois par feu Hugues Salel, abbé de sainct Cheron. Avec le commencement du treziesme, l'Umbre dudict Salel faicte par Oliuier de Magny... auec

quelques autres vers mis sur son tombeau par diuers poetes de ce tems. *A Paris, pour Vincent Sertenas,* 1554, in-8, réglé, de 64 ff. non chiff., demi-rel. de toile.

> Volume fort rare, dédié par Olivier de Magny à Monseigneur d'Avanson; la dédicace est suivie de l'*Umbre de Salel* (6 pag.) et de vers de Charbonier, Angevin, sur ce petit poème.
> Petit trou de ver aux premiers feuillets.

83. HOMÈRE. Les XXIIII livres de l'Iliade d'Homère, prince des poëtes grecs, traduits du grec en vers françois, les XI premiers par M. Hugues Salel, abbé de Sainct Cheron et les XIII derniers par Amadis Jamyn avec le premier & second de l'Odyssée d'Homère par Jaques Peletier du Mans. *Paris, Lucas Breyer,* 1580, in-12, de 12 ff. prél. dont le dernier blanc, 408 p. chiff., 32 ff. chiff. et 23 ff. de table non chiff., demi-toile rouge.

84. HOMÈRE. L'Odyssée d'Homère, de la version de Salomon Certon, conseiller, notaire et secretaire du Roy. Seconde édition de nouveau reveue & exactement corrigée par le traducteur. *Paris, Thomas Blaise,* 1615, 2 part. en 1 vol. in-8, vélin à recouv. (*Rel. anc.*).

> La seconde partie, qui a un titre spécial, contient *La Batrachomyomachie,* les *Hymnes* et les *Épigrammes.*
> Traduction en vers peu commune.
> Piqûres de vers dans les marges.

85. HORACE. Les Œuvres de Q. Horace Flacce, latin et françois. De la traduction nouvelle de Robert & Anthoine le Chevallier d'Agneaux, frères, de Vire en Normandie. *A Paris, chez Guillaume Auuray,* 1588, 3 part. en 1 vol. in-8, réglé, mar. vert, fil. à froid, tr. dor. (*Bruyère*).

> Volume rare imprimé sur deux colonnes, le texte latin à côté de la traduction. Il est divisé en trois parties : *Les Odes,* 8 ff. prél. et 93 ff. — *Les Sermons ou satyres,* titre et 68 ff. — *Les Epistres,* 68 ff.

sans titre spécial. Les feuillets préliminaires renferment des poésies de divers auteurs normands sur cette traduction d'Horace qui passe pour assez fidèle.

86. HORACE. Les Sermons satiriques du sententieux poëte Horace, diuisez en deux liures, interpretez en rime francoyse par Francoys Habert de Berry. Auec aucunes epistres dudict Horace, non encores imprimées par cy deuant. *Paris, de l'imprimerie de Michel Fezandat & Robert Granjon,* 1551, in-8, de 136 ff. non chiff. dont le dernier blanc, mar. rouge, fil., tr. dor. (*Thompson*).

Volume rare contenant à la suite des Sermons d'Horace, une épître à Mellin de S. Gelais, la traduction de l'*Hermaphrodite* d'Ausone et celle de la *Félicité mondaine* de Martial.

Exemplaire grand de marges avec de nombreux témoins.

87. JUVÉNAL. Les Satires de Juvenal, en vers françois. Avec un discours de la satire & quelque autre poésie, par Mᵉ Denys Challine, aduocat au Parlement de Paris. *Paris, Edme Pepingué,* 1653, pet. in-12, de 36 ff. prélim., 260 pag. et 1 f. d'errata, mar. rouge, fil., dos orné, tr. dor. (*Rel. anc.*).

Les pages 253 à 260 contiennent une ode *Sur la félicité du Parnasse et de la difficulté d'y arriver.*

Exemplaire court de marges et mouillé.

88. MANTUANUS (B.). Les Eglogues de F. Baptiste Mantuan, traduites nouuellement de latin en françois, auec plusieurs autres compositions françoises à l'imitation d'aucuns poëtes latins, par Laurent de la Gravière. *A Lyon, par Jean Temporal,* 1558, in-8, de 8 ff. prélim., 140 pag. et 1 ff. blanc contenant au verso l'achevé d'imprimer : *A Lyon, par Jean d'Ogerolles,* 1558, mar. vert, jans., tr. dor. (*Pagnant*).

Édition la plus complète de cette traduction.
Bel exemplaire, grand de marges.

89. OVIDE. Les Histoires des poetes comprises au grand

Olympe, en ensuyuant la Metamorphose d'Ouide & autres aditions et histoires poëtiques propres pour la poësie, par Christofle Deffrans, ecuyer, seigneur de la Jalouzière & de la Chastonnière, pres Nyort en Poictou. *A Nyort, par Thomas Portau*, 1595, in-8, de 4 ff. prélim. et 330 ff. chiff., demi-rel. veau fauve, tr. marb. (*Rel. mod.*).

>Cette traduction, en vers, contient dans les feuillets préliminaires des notes de musique qui la mettent en état d'être chantée.
>Volume fort rare, imprimé par le premier imprimeur de Niort.

b. — Poètes français.

(voir les n°s 11, 12, 18bis, 50 à 52)

90. DELAUDUN, sieur d'Aigaliers. L'Art poetique françois de Pierre Delaudun Daigaliers. Divisé en cinq livres. *Paris, Anthoine du Breuil*, 1597, pet. in-12, de 4 ff. prélim. et 196 pag. chiff. 1-120, 221-296, veau fauve, fil., tr. dor. (*Simier*).

91. PELETIER, du Mans (Jacques). L'Art poëtique de Iaques Peletier du Mans. Departi an deus liures. *A Lyon, par Ian de Tournes, e Guil. Gazeau*, 1555, in-8, de 116 pag. chiff. et 2 ff. non chiff., le premier contenant les errata et le privilège, et le second la marque de l'imprimeur, mar. rouge, jans., tr. dor. (*Trautz-Bauzonnet*).

>Volume curieux pour l'orthographe adoptée par l'auteur. Le titre est compris dans un encadrement gravé sur bois.
>Bel exemplaire malgré quelques légers raccommodages.

---

92. AUBIGNÉ (d'). Les Tragiques, donnez au public par le larcin de Prométhée. *Au Dezert, par L. B. D. D.* (*Genève, Aubert*), 1616, in-4, de 15 ff. prélim. dont le 8e blanc, 391 pag.

et 3 ff. non chiff. dont un pour l'errata, mar. grenat, compart. de fil. et de fers à froid, tr. dor. (*Brany*).

Édition originale, rare surtout avec le feuillet d'errata qui manque à la plupart des exemplaires de ce livre.

93. AUBIGNÉ (d'). Les Tragiques ci-devant donnez au public par le larcin de Prométhée et depuis avouez et enrichis par le Sr d'Aubigné. *S. l. n. d.*, in-8, de 16 ff. prélim. dont le dernier blanc, de 332 pag. dont la dernière non chiff. et 1 f. contenant au recto un Avis de l'imprimeur au lecteur, mar. bleu, jans., tr. dor. (*Pagnant*).

Édition rare, citée seulement par Brunet; elle renferme de nombreux vers qui ne se trouvent pas dans l'édition précédente.

94. **BAIF** (J. A. de). Œuvres en rime de Ian Antoine de Baïf. *Paris, Lucas Breyer, 1573.* — Les Amours de Ian Antoine de Baïf. — *Ibid., id., 1572.* — Les Jeux de Jan Antoine de Baïf. *Ibid., id., 1573.* — Les Passetems de Ian Antoine de Baïf. *Ibid., id., 1573.* — Ens. 4 ouvrages en 2 vol. in-8, mar. bleu, fil. à froid, tr. dor. (*Duru*).

Bel exemplaire, grand de marges et bien conservé, des quatre volumes rarement réunis; il a fait partie des bibliothèques de Sainte-Beuve et Guy Pellion.

95. **BAIF** (J. A. de). Les Mimes, enseignemens et proverbes de Jan Antoine de Baïf, revues et augmentez en ceste dernière édition. *A Paris, par Mamert Patisson. Chez Rob. Estienne, 1597*, 2 part. en 1 vol. pet. in-12, mar. rouge, compart. de fil. à la Du Seuil, fleur de lis aux angles (*Rel. anc.*).

Première édition contenant les quatre livres réunis. Portrait de Baïf, gravé sur bois et répété aux deux parties.

96. **BELLEAU** (Remy). Les Odes d'Anacréon Teien, traduites de grec en françois, par Remi Belleau de Nogent au Perche, ensemble quelques petites hymnes de son invention. *A Paris,*

chez André Wechel, 1556. in-8, réglé, de 103 pag., fil à froid, tr. dor. (Duru).

Première édition, rare, du premier ouvrage de Rémi Belleau.
Bel exemplaire, très grand de marges et bien conservé, provenant de la bibliothèque de M. de Fresne.

97. BERTAUT (Jean). Recueil de quelques vers amoureux. *A Paris, par la veufue Mamert Patisson*, 1602, in-8, de 4 ff. prél. et 87 ff. chiff., mar. citron, jans., tr. dor. (*Pagnant*).

Première édition de ce recueil composé de stances, chansons, élégies, masquarades et sonnets divers.

98. BERTHAUD. La Ville de Paris en vers burlesques; par le Sieur Berthaud. *Paris, Jean Promé*, 1660, in-12, de 95 pag., mar. rouge, jans., tr. dor. (*Chambolle-Duru*).

Exemplaire relié sur brochure.

99. BOYSSIÈRES (Jean de). Les premières œuvres amoureuses de Iean de Boyssieres, montferrandin. A Monsieur, duc d'Anjou, fils de France et frère unique de roy. *A Paris, chez Claude de Montreuil*, 1578, pet. in-12, de 150 ff. chiff., 5 ff. non chiff. pour la table et 1 f. blanc, mar. citron, jans., tr. dor. (*Pagnant*).

Au verso du troisième feuillet, portrait du duc d'Anjou, gravé sur bois.
Exemplaire court de marges, le titre courant est atteint à plusieurs feuillets.
Poète rare, pour lequel Viollet-le-Duc est très dur.

100. BRACH (Pierre de). Les Poemes de Pierre de Brach, bourdelois, divisés en trois livres. *A Bordeaux par Simon Millanges*, 1576, in-4; de 8 ff. prélim. non chiff., 220 ff. chiff. et 2 ff. non chiff. pour la table, mar. rouge, compart. de fil. à la Du Seuil, dos orné, tr. dor. (*Nièdrée*).

Recueil de poésies devenu rare. Pierre de Brach est un des

poètes les plus intéressants de son temps. Son portrait, gravé sur bois, se trouve au verso du cinquième feuillet préliminaire.

Exemplaire grand de marges, mais lavé assez fortement ; il est incomplet des feuillets 14 et 15.

101. BRETONNAYAU (René). La Generation de l'homme, et le Temple de l'âme avec autres œuvres poëtiques extraittes de l'Esculape de René Bretonnayau médecin, natif de Vernantes en Anjou. *A Paris, pour Abel l'Angelier, 1583,* in-4, de 6 ff. prélim. et 186 ff. chiff., titre dans un encad. gravé sur bois, mar. rouge, plats couverts de compart. de fil. entrelacés, milieu orné d'un grand motif de fers azurés, dos orné, tr. dor. (*Chambolle-Duru*).

Volume fort rare, L'auteur, bon poète, entre dans les détails les plus techniques de la génération.

Bel exemplaire, très grand de marges provenant de la bibliothèque Bordes ; il renferme de nombreux témoins. A la fin du volume, notice et table manuscrites du xviiie siècle.

102. CHASSIGNET (J.-B). Le Mespris de la vie et consolation contre la mort, par Jean Baptiste Chassignet besançonnois, D. aux droits. Dédié à Monseigneur le marquis de Varambon. *A Besançon, par Nicolas de Moingesse, 1594,* pet. in-12, de 397 pag. et 1 f. de privilège, mar. rouge, fil., dos orné, tr. dor. (*Gruel*).

Volume très rare composé presque en entier de sonnets mélangés d'odes, de discours et de prières.

103. COQUILLART (G.). Les Œuvres de Maistre Guillaume Coquillart, en son vivant official de Reims. Nouuellement reueuës & corrigées. *A Paris, 1546, de l'Imprimerie de Jeanne de Marnef,* in-16, de 112 ff. non chiff., mar. citron, jans., doublé de mar. rouge, compart. de filets, feuillages aux angles, tr. dor. (*Pagnant*).

Petite édition rare contenant de plus que les précédentes : *Les trois blasons de Pierre Danche, escuyer* (Des bons vins de France. — De la belle fille. — Du beau cheval).

104. CORNU (Pierre de). Les Œuvres poetiques de Pierre de Cornu, Dauphinois. Contenant sonnets, chansons, odes, discours, eclogues, stances, épitaphes & autres diverses poésies. *A Lyon, pour Iean Huguetan,* 1583, in-8, de 8 ff. prél., 223 pag. chiff. et 1 page non chiff. contenant l'achevé d'imprimer : *A Lyon, de l'Imprimerie de Thibaud Ancelin,* mar. citron, jans., tr. dor. (*Pagnant*).

Poète rare, réimprimé dans la collection Gay.

Exemplaire très grand de marges avec témoins. La marge du bas du titre est refaite ; coins réparés aux derniers feuillets.

105. CORROZET (Gilles). Le Parnasse des poetes françois modernes, contenant leurs plus riches & graves sentences, discours, descriptions & doctes enseignemens, recueillies par feu Gilles Corrozet, parisien. *A Paris, en la boutique de Galiot Corrozet,* 1571, in-8, de 8 ff. prélim., 88 ff. chiff. et 7 ff. non chiff.. mar. bleu foncé, fil. à froid, tr. dor. (*Niédrée*).

Curieux recueil de poésies prises dans de nombreux poètes et classées dans un ordre alphabétique établi par G. Corrozet.

Exemplaire bien conservé provenant de la bibliothèque de Viollet-le-Duc.

106. COURVAL-SONNET. Les Satyres du Sieur de Courval-Sonnet, gentilhomme virois. Dédiées à la Reine, mère du Roy. *A Paris, chez Rolet Boutonné,* 1621, in-8, de 56 et 112 pag., mar. rouge, compart. de fil. à la Du Seuil, dos orné, tr. dor. (*Hardy-Mesnil*).

Première édition de ces satires remarquables ; elle ne renferme que six satires et elle est ornée d'un beau portrait de Courval Sonnet, gravé par *Matheus* occupant la page 56. Les pages 100 à 112 sont numérotées 200-212 par erreur.

L'exemplaire ne contient pas la *Satire Menippée sur les poignantes traverses du mariage*, partie paginée séparément.

107. COURVAL-SONNET. Satyre Menipée sur les poignantes traverses du mariage, par le sieur de Courval, gentilhomme virois. *Paris, Rolet Boutonné,* 1621, in-8, de 101 pag. et 1 f. de privilège, mar. grenat, jans., tr. dor. (*Kauffmann*).

> Complément du numéro précédent.
> Exemplaire court de marges; les manchettes des pages 20, 21, 24 et 60 sont rognées.

108. COURVAL-SONNET. Les Œuvres satyriques du sieur de Courval-Sonnet, gentilhomme virois, dédiées à la Reine, mère du Roy. Seconde édition reveue, corrigée & augmentée par l'autheur. *Paris, Rolet Boutonné,* 1622, in-8, de 347 pag. et 1 f. non chiff., mar. rouge, fil., dos orné, tr. dor. (*Chambolle-Duru*).

> Cette seconde édition contient douze satires et des *Epitaphes ou tombeaux composez par le sieur de Courval Sonnet* qui occupent les pages 295 à la fin du volume; portrait de Courval Sonnet gravé par *Matheus*, page 54.
> Bel exemplaire.

109. COURVAL-SONNET. Satyre Ménippée contre les femmes sur les poignantes traverses & incommoditez du mariage. Avec la Timethelie ou censure des femmes, par Thomas Sonnet, docteur en médecine, gentilhomme virois. *A Lyon, pour Vincent de Cœursilly,* 1623, 5 part. en 1 vol. in-8, de 12 ff. prélim. dont 2 titres, 193 pag. et 1 f. blanc, mar. La Vall., fil., dos orné, tr. dor. (*Allô*).

> Edition rare, surtout avec la dernière partie: *Responce à la contre-satyre* qui manque à beaucoup d'exemplaires. Cet exemplaire renferme le second titre général sur lequel est gravé, en taille douce, le portrait de Courval-Sonnet.
> Deux petites taches d'encre à la page 174.

110. COURVAL-SONNET. Les Exercices de ce tems contenant

plusieurs satires contre les mauvaises mœurs. Nouvelle édition. *A Caen, imprimée cette année, s. d.*, pet. in-12, de 96 pag., cartonn. moderne en toile grise.

<blockquote>
Cette édition, qui renferme douze satires, est imprimée sur très mauvais papier.

Exemplaire court de marges.
</blockquote>

111. COURVAL-SONNET. Les Exercices de ce temps contenant plusieurs satyres contre les mauvaises mœurs. *Rouen, Jean de La Mare,* 1645, in-8, de 126 pag., caract. italiq., mar. bleu, comp. à la Du Seuil, dos orné, tr. dor. (*Chambolle-Duru*).

<blockquote>
Cette édition renferme une satire : Le Cours, de plus que la précédente.

Bel exemplaire d'un livre rarement en bon état.
</blockquote>

112. DAUDIGUIER. Les Œuvres poetiques du Sieur Daudiguier. *A Paris, chez Toussainct du Bray,* 1613-1614, 2 part. en 1 vol., in-8, de 8 ff. prélim. et 40 ff. chiff. pour la première partie, 6 ff. prélim., 63 ff. chiff. et 1 f. non chiff. d'errata et de privilège pour la seconde, mar. vert foncé, fil., dos orné, tr. dor. (*V*^{ve} *Niédrée*).

<blockquote>
Titre gravé par L. Gaultier, répété à chaque partie.
</blockquote>

113. DAUDIGUIER. Les Œuvres poetiques du sieur Daudiguier. *Paris, Toussainct du Bray,* 1614, 2 part. en 1 vol. in-8, titre gravé par L. Gaultier, répété à chaque partie, vélin blanc à recouv. (*Rel. mod.*).

<blockquote>
Exemplaire court de marges.
</blockquote>

114. DÉSIRÉ (Artus). Le Desordre et scandale de France par les estas masquez et corrompus, contenant l'éternité des peines deuës pour les pechez & de la retribution des eleuz & predestinez de Dieu. Composé par M. Artus Désiré. *Paris, Guillaume*

Jullien, 1574, in-8, de 40 ff., veau fauve, fil., tr. dor. (*Koehler*).

 Première édition de cette satire en vers contre les blasphémateurs, le luxe des vêtements et surtout contre les modes féminines.

115. DESPORTES (Ph.). Les premières œuvres de Philippes Des Portes. Au Roy de Pologne. *A Paris pour Robert le Mangnier,* 1573, in-4, réglé, de 4 ff. prélim., 198 ff. chiff. et 2 ff. de table non chiff., mar. rouge, fil., dos orné, tr. dor. (*E. Niédrée*).

 Première édition des poésies de Desportes.
 Bel exemplaire de la bibliothèque Didot.

116. DESPORTES (Ph.). Les premières œuvres de Philippes Desportes. Dernière édition reueue & augmentée. *Paris, Mamert Patisson,* 1600, in-8, de 8 ff. prélim., 338 ff. chiff. et 6 ff. de table non chiff., mar. violet, jans., tr. dor. (*Bauzonnet*).

 Edition recherchée.
 Bel exemplaire grand de marges et bien conservé.

117. DESPORTES (Ph.). Les CL pseaumes de David mis en vers françois par Philippes Desportes, abbé de Thiron. *Rouen, de l'Imp. de Raphael du Petit Val,* 1600, 2 part. en 1 vol. in-12, titre gravé par Léonard Gaultier, parch. à recouv. (*Rel. anc.*).

 La seconde partie renferme les *Prières et Méditations chrestiennes* de Philippes Desportes.

118. D'ESTERNOD. L'Espadon satyrique, par le sieur de Franchère, gentilhomme franc-comtois. Dedié à monsieur le baron de Roche. *A Lyon, par Jean Laubret,* 1619, in-12, de 12 ff. prélim. non chiff., 129 pag. et 1 f. non chiff. contenant la petite figure sur bois qui se trouve sur le titre, cuir de Russie,

compart. de fil. à la Du Seuil, dos orné, tr. dor. (*Bauzonnet-Trautz*).

Première et rare édition du livre de d'Esternod.
Joli exemplaire ayant fait successivement partie des bibliothèques Armand Bertin, Solar, Desq et Renard.

119. D'ESTERNOD. L'Espadon satyrique par le Sʳ Desternod. Reueu & augmente de nouueau. *A Lyon, par Jean L'Autret*, 1626, in-12, de 166 pag., numérotées 1-120, 145-166, 121-144, mar. rouge, fil., dos orné, tr. dor. (*Trautz-Bauzonnet*).

Cette édition renferme de plus la *Suitte de l'Espadon satyrique* contenant : *Satyre du temps à Théophile* et *Ode satyrique d'un amoureux à sa maitresse*.
La pagination du livre est des plus irrégulière.

120. DU BARTAS. Les Œuvres de G. de Saluste, seigneur du Bartas, reveues et augmentees par l'auteur. *S. l.* (*Genève*) *pour Jaques Chouet*, 1582, 3 part. en 1 vol. in-16, mar. rouge, jans., tr. dor. (*Kauffmann*).

La *Semaine* est ornée de sept petites figures gravées sur bois, les mêmes que celle de l'édition in-8 parue en 1582 chez le même libraire.

121. DU BARTAS. Première sepmaine ou création du monde de Guillaume de Saluste, seigneur du Bartas, reueuë & augmentée d'une troisiesme partie sur la seconde sepmaine du feu sieur du Bartas & embellie en diuers passages par l'autheur mesme. En ceste édition ont esté adjoustez l'argument general, amples sommaires au commencement de chasque liure, annotations en marge & explications des principales difficultez texte (*sic*) par S. G. S. (Simon Goulart). *Paris, Adrian Périer*, 1603, 2 part. en 1 vol. in-12, de 24 ff. prélim., 947 pag.

et 14 ff. de table, figures sur bois, non chiff., vél. à recouv. (*Rel. anc.*).

La seconde partie, dont le titre est au nom du libraire Jean du Carroy, renferme la *Judith*, l'*Uranie*, le *Triomphe de la foy* et autres poésies de Du Bartas.

122. DU BELLAY (J.). Divers jeux rustiques et autres œuvres poetiques. *A Paris, de l'Imprimerie de Fédéric Morel*, 1558, 76 ff. chiff. — Les Regrets et autres œuvres poetiques. *Ibid., id.*, 1558, 4 ff. prélim. et 46 ff. chiff. — Le premier livre des antiquitez de Rome. *Ibid., id.*, 1558, 13 ff. chiff. et 1 f. de privilège non chiff. — La Defense et illustration de la langue francoise avec l'Olive de nouveau augmentée, la Musagnœomachie, l'Anterotique de la vieille & jeune amie, vers lyriques, etc. *Ibid., id.*, 1561. — Ens. 4 ouv. en 3 vol. in-4, mar. rouge, jans., tr. dor.

Beaux exemplaires grand de marges.

123. DU BELLAY (J.). Œuvres de Joachim Du Bellay, angevin, fidelement reueues & corrigées oultres les précédentes impressions. C'est asçavoir : La Deffense & illustration de la langue françoise. L'Oliue augmentee. L'Anterotique de la vieille & jeune amye. Quelques vers lyriques. La Musagneomachie. Le Recueil de poesie. Et plusieurs autres œuures poetiques. *Paris, Charles Langelier*, 1561 ; 4 part. en 1 vol. in-4, de 36-58 ff. dont le dernier blanc contenant au verso la marque des Angeliers, — 24 ff. dont le dernier blanc et 40 ff., mar. rouge, jans., tr. dor. (*Pagnant*).

Première réunion sous un titre collectif de diverses œuvres de J. du Bellay.

124. DU BELLAY (J.). Les Œuvres françoises de Joachim Du Bellay, gentilhomme angevin & poëte excellent de ce temps. Reueuës & de nouueau augmentées de plusieurs poesies non

encore auparauaut imprimees. *A Paris, de l'Imprimerie de Federic Morel,* 1569, 8 part. en 1 gros vol. in-8, mar. rouge, jans., tr. dor. (*Pagnant*).

Réunion sous un titre collectif de pièces de Du Bellay publiées séparément jusqu'alors dans le format in-8. Ce recueil renferme :

Le titre général et 11 ff. prél. pour l'Epitre au Roi et la table générale. — *La Défense et illustration de la langue françoise,* 1568. — *Recueil de poesie,* 1569, — *Divers poëmes,* 1569. — *L'Olive et autres œuvres poétiques,* 1568. — *Deux livres de l'Eneide de Virgile,* 1569. — *Lee Regrets et autres œuvres poetiques,* 1569. — *Divers Jeux rustiques et autres œuvres poétiques,* 1569. — *Epithalame sur le mariage de... Philibert Emanuel duc de Sauoye* (et autres pièces), 1569.

125. DU BUYS (Guillaume). Les Œuvres de Guillaume Du Buys, quercinois. Contenants plusieurs & diuers traictez : le discours desquelz n'apporte moindre vertueux fruict, qu'il est aggréable, & plain de tout contentement, pour la diuersité des matières dont il traicte. *A Paris, pour Jean Fevrier,* 1583, pet. in-12, de 6 ff. prélim. et 206 ff. chiff., mar. orange, fil., dos orné, tr. dor. (*Thompson*).

Seconde édition de ces poésies.
Exemplaire court de marges; les notes, qui se trouvent en manchette aux ff. 190 et 199, sont rognées.

126. DU BUYS (Guillaume). Les Œuvres de Guillaume Du Buys, quercinois. Contenant plusieurs & divers traictez : le discours desquels n'apporte moindre vertueux fruict qu'il est agréable, & plain de tout contentement pour la diuersité des matières dôt il traicte. *A Paris, chez Guillaume Bichon,* 1585, in-12, de 6 ff. prélim. et 206 ff. chiff., mar. rouge, jans. à longs grains, tr. dor. (*Pagnant*).

Edition de 1583 avec un nouveau titre et le privilège réimprimé. Les manchettes des pages 190 et 199 sont entières.

127. DU LORENS. Les Satyres du sieur Du Lorens. Diuisées en

deux livres. *A Paris, chez Jacques Villery*, 1624, in-8, de 2 ff. prélim. et 202 pag., mar. rouge, fil., dos orné, tr. dor. (*Vve Brany*).

 Le feuillet, contenant le privilège, manque.

128. DU MONIN (J.-E.). L'Uranologie ou le ciel de Jan Edouard du Monin PP., contenant, outre l'ordinaire doctrine de la sphère, plusieurs beaux discours dignes de tout gentil esprit A Monseigneur M. Philippe Des-Portes. *Paris, Guillaume Julien*, 1584, in-12, de 16 ff. prélim., 209 ff. chiff. et 1 f. non chiff. d'errata, mar. bleu foncé, fil., dos orné, tr. dor. (*Niédrée*).

 Portrait de l'auteur, gravé sur bois, au verso du seizième feuillet. Le feuillet 174 est très court sur le côté.

129. DU RYER. Le Temps perdu d'Isaac Du Ryer. Reueu & augmenté par l'autheur. *A Paris, chez Toussaincts du Bray*, 1610, pet. in-8, de 206 pag. (les 7 dernières chiff. par erreur 100 à 105 et 107) et 1 f. de privilège, non chiff., mar. bleu foncé, fil. à froid, tr. dor. (*Lortic*).

 « Je ne connais pas de poètes de cette période dont la verve, l'allure et le vers se rapprochent autant de Régnier. Si Ste Beuve eut déterré Isaac du Ryer, il lui eut donné place parmi les meilleurs poètes du temps. Il y a dans ce petit volume des sonnets ravissants, comme facture et plénitude d'idée. » Extrait d'une longue note de M. Courbet, écrite au crayon sur les feuillets de garde.

 Seconde édition, *Reveue et corrigée*, avec privilège du 10 octobre 1610. Brunet ne cite de ce livre que l'édition de 1624.

130. FORCADEL (Étienne). Œuvres poetiques de Estienne Forcadel iurisconsulte. Derniere Edition reveuë, corrigee, & augmentee par l'Autheur. *A Paris, chez Guillaume Chaudiere*, 1579, in-8, car. ital., de 4 ff. prélim., 277 pp. chiff. et 1 f. contenant au verso un fleuron typographique, mar. rouge,

compart. de fil. à la Du Seuil, dos orné, dent. int., tr. dor. (*Trautz-Bauzonnet*).

Édition donnée après la mort de l'auteur par L.-P. Forcadel, son fils, et plus complète que l'édition de 1551.
Exemplaire de la bibliothèque M. de Champrepus.

131. FORCADEL (Etienne). Stephani Forcatuli jureconsulti epigrammata. Ad Carolum Lotharingum cardinalem. *Lugduni, apud Ioan. Tornaesium et Gul. Gazeium,* 1554, 192 pag. — M. A. Mureti juvenilia. *Parisiis, ex off. viduæ Mauricij a Porta,* 1553, 126 pag. — Ens. 2 ouv. en 1 vol. in-8, veau fauve (*Rel. du XVIe siècle*).

Premières éditions de ces poésies.

132. FRÉNICLE (N.). Les Œuvres de N. Frénicle, conseiller du Roy et general en sa cour des monnoyes. *A Paris, chez Toussainct du Bray,* 1629, 2 part. en 1 vol. in-8 de 4 ff. prélim. et 268 pag. pour la première partie, 4 ff. prélim., 172 pag. et 3 ff. de table non chiff. pour la seconde, veau fauve, tr. roug. (*Rel. anc.*).

La première partie est composée d'*Hymnes* et d'*Élégies* et la seconde, d'*Eglogues*.
Exemplaire court de marges.

133. GAUCHET (Claude). Le Plaisir des champs, divisé en quatre parties selon les quatre saisons de l'année, par Cl. Gauchet, Dampmartinois, ausmonier du Roy. Où est traicté de la chasse & de tout autre exercice recreatif, honneste & vertueux. *A Paris, chez Nicolas Chesneau,* 1583, in-4, de 6 ff. prélim., 314 pag. chiff. et 4 ff. non chiff. pour le *Recueil des mots, dictions et manières de parler en l'art de vénerie,* mar. bleu foncé, fil. à froid, tr. dor. (*Duru*).

Première édition rare; elle renferme des passages qui ont été expurgés dans la seconde édition.

134. GREVIN (Jacques). L'Olimpe de Jaques Grevin de Clermont en Beauvaisis, ensemble les autres euvres poëtiques dudict auteur. A Gerard Lescuyer prothenotaire de Boulin. *A Paris, de l'Imprimerie de Robert Estienne,* 1560, 2 part. en 1 vol. in-8, de 8 ff. prélim. et 214 pag. pour la 1re partie, 12 ff. prélim. et 328 pag. pour la seconde, mar. rouge, dent., dos orné, doubl. et gardes de tabis bleu, tr. dor. (*Bozérian*).

> Portrait de J. Grévin, gravé sur bois au verso du titre de la seconde partie, laquelle renferme le Théâtre de J. Grévin, la seconde partie de l'Olimpe et de la Gelodacrie, publ. par Vincent Sertenas, en 1561.
>
> Recueil bien conservé, avec la signature du poëte Amadis Jamin au verso du dernier feuillet.

135. GUY DE TOURS. Les premières œuvres poetiques et souspirs amoureux de Guy de Tours. Dediez à Monseigneur le grand escuyer de France (Roger de Bellegarde). *Paris, Nicolas de Louvain,* 1598, in-12, de 6 ff. prélim. et 244 ff. chiff., mar. rouge, couronne de feuillage au milieu des plats, dos orné, tr. dor. (*Brany*).

> Recueil de poésies très rare, renfermant des passages fort libres. Dans une des pièces de ce volume : *Le Paradis d'amour aux nymphes de Tours,* sont nommées les dames de Tours les plus célèbres par leur beauté.
>
> Exemplaire court de marges avec quelques légères restaurations.

136. HEGEMON. La Colombière, & Maison rustique de Philibert Guyde, dit Hegemon de Chalon sur la Saone : contenant une description des douze moys, & quatre saisons de l'année, auec enseignement de ce que le laboureur doit faire pour chacun moys. Les epithetes poetiques des arbres, plantes, herbes, animaux terrestres, & aquatiques : des pierres precieuses, & metaux, auec leurs proprietés. L'Ostracisme, ou exil honnorable. L'Abeille françoise, du mesme autheur. Ses fables morales & autres poesies. *A Paris, chez Jamet Mettayer, s. d.,* pet.

in-8, de 4 ff. prélim. et 108 ff. chiff., mar. rouge, fil., dos orné, tr. dor. (*Trautz-Bauzonnet*).

> Cette édition est sans doute postérieure à celle de 1583 au nom de Mettayer ou de Le Fizellier en 76 ff. Elle contient en plus diverses poésies, des *Epithètes poétiques des arbres, plantes, herbes, animaux, des pierres précieuses & métaux*.
> Raccommodages à plusieurs feuillets.

137. **LABÉ** (Louise). Evvres de Louize Labé lionnoize. Reueues & corrigées par ladite Dame. *A Lion par Ian de Tournes*, 1556, in-8, de 173 pag., 1 page et 1 f. pour le privilège, mar. bleu, compart. de fil. entrelacés, doubl. de mar. rouge, dent., tr. dor. (*Koelher*).

> Seconde édition de ces poésies aussi rare que la première de 1556.
> Exemplaire très grand de marges (Haut. 0^m,156); la marge du titre, dans le bas, a été refaite.
> Armes du duc de Fitz-James sur la doublure de la reliure.
> Une contrefaçon in-18 de cette édition a été adjugée 780 francs à la vente Jules Lemaître.

138. **LA BORDERIE.** Le Discours du voyage de Constantinople enuoyé dudict lieu à une Damoyselle de France, par le seigneur de Borderie. La Fable du faulx cuider envoyée à ma dame Marguerite fille du Roy. Deploration de Venus sur la mort du bel Adonis. Avec autres compositions. *On les vend à Paris, par Arnoul l'Angelier*, 1546, pet. in-8, de 68 ff., mar. vert, fil., dos orné, tr. dor. (*Trautz-Bauzonnet*).

> Seconde édition du *Voyage de Constantinople* augmentée des deux pièces indiquées sur le titre ; elle est rare.

139. **LA MOTTE MESSEMÉ.** Les sept livres des honnestes loisirs de Monsieur de La Motte Messemé, chevalier de l'ordre du Roy & capitaine de cinquante hommes d'armes des ordonnances de Sa Majesté. Intitulez chacun du nom d'un des Planettes. Plus un meslange de diuers poëmes d'elegies, stances

et sonnets. *Paris, Marc Orry,* 1587, pet. in-12, de 12 ff. prélim. et 288 feuillets dont le premier est un second titre imprimé pour *les Honnestes amours,* mar. rouge, fil., dos orné, tr. dor. (*Thibaron-Echaubard*).

Volume rare, sorte de chronique rimée.
L'exemplaire a les manchettes légèrement atteintes.

140. LA PRIMAUDAYE. Cent quatrains consolatoires du sieur de La Primaudaye. *A Lyon, par Benoist Rigaud,* 1582, in-8, de 27 pag. et 2 ff. blancs, mar. La Vall., compart. de fil. dor. et à froid, fleurons et milieu orné, tr. dor. (*Chambolle-Duru*).

Joli exemplaire de la première édition.

141. LA ROQUE (de). Les Œuvres du sieur de La Roque de Clairmont en Beauvoisis, reveues et augmentées de plusieurs poësies outres les precedentes impressions. A la Royne Marguerite. *A Paris, chez la vefue Claude de Monstr'œil,* 1609, in-12, de 8 ff. prélim., 803 pag. er 14 ff. de table non chiff., mar. rouge, fil., dos orné, tr. dor. (*Masson-Debonnelle*).

Cette édition, achevée d'imprimer le 10 octobre 1608, semble être celle que Brunet indique sous la date de 1619 comme étant de 1608 avec un nouveau titre. C'est la plus complète de ces poésies.
Exemplaire provenant de la collection Didot.

142. LASPHRISE. Les premieres œuvres poetiques du capitaine Lasphrise, reueuës & augmentées par l'auteur. *Paris, Jean Gesselin,* 1599, in-12, de 18 ff. prélim. dont le dernier blanc et 683 pages, mar. bleu foncé, fil., dos orné, tr. dor. (*Niédrée*).

Seconde édition, très augmentée.
Le portrait de Lasphrise n'est pas tiré à la page 440; il occupe le dix-septième feuillet préliminaire dont le verso contient deux quatrains.
Exemplaire grand de marges mais dont le titre a été restauré.

143. LA VILLATE (Benjamin de). Songe et son interpretation avec un hermitage chrestien, par Benjamin de la Villate, chanoine en l'Eglise collegialle Sainct Martin de Champeaulx en Brie. *A Paris, chez Jean Laquehay,* 1626, in-8, de 202 pag. et 6 ff. non chiff., mar. bleu foncé, fil., dos orné, tr. dor. (*Thibaron*).

> Au verso du douzième feuillet portrait de l'auteur gravé en taille-douce par J. Picart. Les six derniers feuillets renferment 7 sonnets et une ode adressés par La Villate à des personnages de Melun et de la Brie.
> Curieux recueil de poésies, peu commun.

144. LE FEVRE DE LA BODERIE. Hymnes ecclesiastiques, cantiques spirituelz & autres meslanges poetiques, par Guy le Feure de la Boderie. *A Paris, pour Robert le Mangnier,* 1578, 2 part. en 1 vol. in-16, veau fauve, fil., médaillon au milieu des plats (*Rel. du XVIe siècle*).

> Joli exemplaire, bien conservé, dans sa première reliure.

145. LE LOYER (Pierre). Les Œuvres et meslanges poetiques de Pierre Le Loyer, angeuin. Ensemble la comedie Nephelococugie ou la nuee des cocus, non moins docte que facetieuse. *Paris, Jean Poupy,* 1579, pet. in-12, de 8 ff. prélim. non chiff., 256 pag. dont la dernière chiff. par errreur 156, et 6 ff. non chiff. pour la table et le privilège, mar. rouge, fil., dos orné à la grotesque, tr. dor. (*Rel. anc.*).

> Signature de Ballesdens sur le titre.
> Cet exemplaire a fait partie de la bibliothèque de Viollet-le-Duc ; il était alors incomplet des feuillets 2 à 11 et 156. Ces feuillets ont été mis depuis dans l'exemplaire, ils sont de la même grandeur que le reste du volume.

146. LORTIGUE (de). Les Poemes divers du sieur de Lortigue, provençal, où il est traicté de guerre, d'amour, gayetez, poincts de controverses, hymnes, sonnets, & autres poësies.

Au Roy. *A Paris, chez Jean Gesselin*, 1617, in-12, de 454 pag., les dernières chiff. 252-254 et 1 f. non chiff., mar. vert, comp. de fil., dos orné, tr. dor.

Volume rare contenant de nombreuses poésies sur la mort de personnages célèbres de l'époque.

Exemplaire renfermant quelques feuillets avec marge refaite ; les manchettes sont rognées aux pages 343 et 345.

147. **MARGUERITE**, reine de Navarre. Marguerites de la Marguerite des Princesses, très illustre Royne de Navarre (publiées par Symon Sylvius, dit de la Haye). *A Lyon, par Iean de Tournes*, 1547, 541 pp. chiff. et 1 f. pour la marque. — Suite des Marguerites de la Marguerite des princesses tres illustre Royne de Navarre. *Ibid., id.*, 1547, 342 pp. chiff. et 1 f. contenant un fleuron au verso. — Ens. 2 tomes en 1 vol. in-8, mar. vert, dent., plats et dos entièrem. couverts de petits médaillons enfermant une fleur, tr. dor. (*Pagnant*).

Édition originale la plus recherchée.

La seconde partie est ornée de gravures sur bois, qui sont en partie de *Bernard Salomon*.

148. MARGUERITES POETIQUES (Les), tirées des plus fameux poëtes françois tant anciens que modernes, reduites en forme de lieux communs & selon l'ordre alphabetique. Nouuellement recueillies et mises en lumière par Esprit Aubert. *A Lyon, par Barthelemy Ancelin*, 1613, in-4, titre gravé par Léonard Gaultier, 3 ff. prélim., 1215 pag. et 14 ff. non chiff. pour la table et le privilège, mar. bleu, fil., fleuron aux angles, dos orné, tr. dor. (*David*).

Exemplaire avec de nombreux témoins d'un livre devenu rare.

149. MAROT (Clément). Les Œuvres de Clément Marot, de Cahors, vallet de chambre du Roy, plus amples & en meilleur ordre que parauant. *A Lyon, à l'enseigne du Rocher*, 1545,

2 part. en 1 vol. in-8, réglé, mar. rouge, fil., dos orné, tr. dor. (*Trautz-Bauzonnet*).

Édition recherchée, la dernière publiée du vivant de Marot.
Exemplaire ayant de nombreuses restaurations et marges refaites.

150. MAROT (Clément). Les Œuvres de Clément Marot, de Cahors, vallet de chambre du Roy. *A Lyon, par Iean de Tournes*, 1546, 2 part. en 1 vol. in-16, de 562 pag. et de 15 ff. non chiff. dont les 3 derniers blancs, et 303 pag. pour la seconde partie, mar. rouge, jans., tr. dor. (*Thibaron-Joly*).

Édition en lettres rondes reproduisant celle de 1545 dite du *Rocher* avec quelques modifications; elle renferme trois pièces (*Épigramme*, page 416, *Églogue sur la naissance du fils du Dauphin et Congratulation sur la victoire de Cerisoles*, pag. 556-562) qui ne figurent dans aucune édition précédente.

151. MORENNE (Claude de). Oraisons funèbres et tombeaux, composez par Messire Claude de Morenne euesque de Seez. Auecques les cantiques, quatrains & autres poëmes, tant françois que latins du mesme autheur. *Paris, Pierre Bertault*, 1605, 3 part. en 1 vol. in-8, de 114, 77, 20 et 104 pag., vélin, fil., tr. dor. (*Rel. anc.*).

Chaque partie a son titre particulier à la date de 1605.
Exemplaire bien conservé.

152. MUSE FOLASTRE (La), recherchée des plus beaux esprits de ce temps. De nouueau reueuë, corrigée & augmentée. *A Lyon, par Barthelemy Ancelin*, 1611, 3 part. en 1 vol. in-12, mar. rouge, fil., milieu orné à petits fers, dos orné, tr. dor. (*Thibaron*).

Quatrième édition des trois livres réunis de ce premier recueil de poésies libres et satiriques du xviie siècle. Il a été souvent reimprimé.
La première partie renferme les *folastries* de Ronsard.

153. MUSES GAILLARDES (Les), recüeillies des plus beaux esprits de ce temps, par A. D. B., parisien. Dernière édition

reueuë, corrigée et de beaucoup augmentée. *A Paris, de l'Imprimerie d'Anthoine du Brueil, s. d.*, in-12, titre gravé par Jacq. Verheyen, 3 ff. prélim. et 248 ff. mal chiff., mar. vert, fil., dos orné, tr. dor. (*Rel. anc.*).

    Troisième édition de ce recueil qui a dû paraître vers 1611 d'après M. Lachèvre, *Recueils collectifs de poésies libres et satiriques*. C'est la plus complète.

154. PASSERAT (Jean). Recueil des œuvres poetiques de Ian Passerat, lecteur et interprête du Roy, augmenté de plus de la moitié outre les précédentes impressions. *A Paris, chez Claude Morel*, 1606, in-8, réglé, divisé en 2 volumes, de 4 ff. prélim. y compris le portrait de Passerat par Th. de Leu, 464 pag. et 4 ff. non chiff., 248 pag. et 3 ff. non chiff., cuir de Russie, fil., tr. marb.

    Le second volume, qui contient les poésies latines de Passerat, est interfolié de papier blanc. Raccommodages au portrait et petites piqûres de vers.

155. PELETIER, du Mans (Jacques). Les Œuvres poetiques de Iacques Peletier, du Mans. *A Paris, De l'imprimerie de Michel de Vascosan*, 1547, in-8, car. italiques, de 104 ff. chiff., mar rouge, jans., dent. int., tr. dor (*Thibaron-Joly*).

    Recueil différent des *Œuvres poétiques* du même auteur, imprimé en 1581. Rare.

    Ff. 79-80, se trouve une *Ode de Pierre de Ronsart a Iacques Peletier, des beautez qu'il voudroit en s'Amie*, et f. 103 verso, *I. Dubellay, à la ville de Mans*. Ces deux pièces sont les premières poésies de Ronsard et de Du Bellay qui aient été imprimées.

156. PERROT (Paul). Les Proverbes de Salomon et l'Ecclesiaste, mis en vers françois par Paul Perrot, sieur de la Sale P. et notez en quelques lieux par luy mesme. *A Paris, chez Matthieu Guillemot*, 1602, in-12, de 8 ff. prélim., 111 ff. chiff. et 1 f. blanc, mar. rouge, fil., dos orné, tr. dor. (*Lortic*).

    Edition non citée par Brunet.

157. PIBRAC (de). Cent quatrains contenans preceptes & enseignemens très utiles pour la vie de l'homme. Composez à l'imitation de Phocylide, Epicarme, & autres anciens pœtes grecs, par le seigneur de Pibrac. *A Lyon, par Benoist Rigaud*, 1575, 29 pag. et 1 f. non chiff. — Les Plaisirs de la vie rustique, composez par le S. de Pyb. *Ibid., id.*, 1577, 22 pag. Ens. 2 part. en 1 vol. pet. in-8, mar. rouge, jans., à longs grains, tr. dor. (*Pagnant*).

>Edition rare non citée par Brunet.

158. PYBRAC (de). Cinquante quatrains, contenans preceptes et enseignemens utiles pour la vie de l'homme, cōposez à l'imitation de Phocylides. d'Epicharnus & autres anciens poëtes grecs, par le S. de Pyb., plus deux sonets de l'inuention dudit Sieur. *A Paris, chez Gilles Gorbin*, 1576, 13 pag. et 1 f. non chiff. — Continuation des quatrains du Seigneur de Pybrac. *Ibid., id.*, 1576, 14 pag. et 1 f. blanc. — Ens. 2 parties en 1 vol. pet. in-8, vél. (*Rel. mod.*).

>La page non chiff. de la seconde partie contient un sonnet, *Cornelie romaine*.

159. RECREATION (La) et passetemps des Tristes pour resiouyr les mélancoliques, lire choses plaisantes traictans de l'art d'aimer. *S. l.*, 1574, in-16, de 96 ff. non chiff., mar. rouge, fil., dos orné, tr. dor. (*Hardy-Mennil*).

>Recueil d'épigrammes gaillardes attribué à Guillaume des Autels. Le titre de ce volume très rare est dans un encadrement gravé sur bois et la pièce ayant pour titre *Comparaison de l'amour à la chasse du cerf* est ornée d'une petite vignette également gravée sur bois.
>Joli exemplaire.

160. RÉGNIER. Les premières œuvres de M. Regnier. Au Roy. *A Paris, chez Toussaincts du Bray*, 1608, in-4, de 4 ff. prélim. non chiff. et 47 feuillets chiff. par erreur 45 (les ff. 7 et 27 étant

repétés deux fois) et 1 f. blanc à la fin, mar. rouge, jans., tr. dor. *(Pagnant)*.

PREMIÈRE ÉDITION des poésies de Régnier ; c'est un livre des plus rares dont on ne connaît que quelques exemplaires. Le bel exemplaire de la vente J. Lemaitre a été adjugé 6 100 francs. Celui-ci contient le titre refait en fac-similé.

161. RÉGNIER. Les Satyres du Sieur Régnier. Reueues & augmentées de nouueau : Dédiées au Roy. *A Paris, chez Toussaincts du Bray,* 1609, in-8, de 4 ff. prélim. non chiff. et 134 pag., la dernière non chiff., mar. bleu, fil., dos orné, tr. dor. *(Cuzin)*.

Seconde édition ; elle est rare.
Dans cette édition, la satire de l'édition de 1608 devient la satire XII par suite de l'intercalation de deux pièces nouvelles : *Le Souper ridicule.* — *Le mauvais giste* (Satires X et XI).

162. RÉGNIER. Les Satyres du sieur Regnier. Reueuës & augmentées de nouueau : dédiées au Roy. *A Paris, chez Toussaincts du Bray,* 1612, in-8, de 4 ff. prélim. non chiff., 68 ff. mal numérotés et 7 ff. non chiff. pour le Discours au Roy et le privilège, mar. rouge, jans., tr. dor. *(Trautz-Bauzonnet)*.

Cette troisième édition est fort rare. C'est la première qui renferme la treizième satire intitulée *Macette*. D'après M. Courbet cette édition serait la dernière publiée du vivant de Régnier. Celle de 1613 serait postérieure à la mort de Régnier à laquelle l'insertion de l'ode « La C. P. » qui s'y trouve fait une allusion non équivoque.

162 *bis*. RÉGNIER. Les Satyres du sieur Regnier. Reueuës & augmentées de nouueau : Dédiées au Roy. *A Paris, chez Toussaincts du Bray,* 1613, in-8, de 4 ff. prélim. non chiff. et 100 ff. très mal chiffrés, mar. citron, fil., milieu et dos ornés, tr. dor. *(Pagnant)*.

Cette édition est toujours annoncée comme la dernière publiée du vivant du l'auteur.

163. RÉGNIER. Les Satyres du sieur Regnier. Dernière édition.

reueuë, corrigée, & de beaucoup augmentée, tant par les sieurs de Sigogne, & de Berthelot, qu'autres des plus signalez poëtes de ce temps. Dediées au Roy. *A Paris de l'Imprimerie d'Anthoine du Breuil*, 1614, 2 part. en 1 vol. in-8, de 4 ff. prélim. non chiff. et de 124 ff. dont le dernier blanc, mar. grenat, jans., tr. dor. (*Kauffmann*).

La première des diverses éditions parues en 1614. La première partie (f. 1 à 92) renferme toutes les pièces de l'édition de 1613 et la deuxième partie (f. 93-123) a pour titre : *Autres satyres et folastreries, tant des sieurs de Sigogne & Berthelot. qu'autres des plus signalez poètes de ce temps* .

Dans cet exemplaire le dernier feuillet est blanc.

163 *bis*. RÉGNIER. Les Satyres et autres œuvres folastres du Sr Regnier. Dernière édition, reueuë, corrigée & augmentée de plusieurs pièces de pareille estoffe, tant des Sieurs de Sigogne, Motin, Touuant & Bertelot qu'autres des plus beaux esprits de ce temps. *A Paris, chez Toussainct du Bray*, 1616, in-8, de 4 ff. prélim. 198 ff. mal chiff. et 1 f. de privilège, veau fauve, tr. rouges (*Rel. anc.*).

Aux armes du prince d'Aremberg.

164. RÉGNIER. Les Satyres du Sr Regnier. Reveuës, corrigées, & augmentées de plusieurs satyres des Sieurs de Sigogne, Motin, Touvant, & Bertelot, qu'autres des plus beaux Esprits de ce temps. *A Rouen, chez Iacques Besongne*, 1626, in-8, 4 ff. prélim., 195 ff., dont les ff. 69-76 chiff. par erreur 95-102, et 1 f. blanc, dos et coins de mar. rouge (*Rel. mod.*).

164 *bis*. RÉGNIER. Les Satyres et autres œuvres du sieur Regnier, augmentées de diverses pièces cy-devant non imprimées. *A Leiden chez Jean & Daniel Elsevier*, 1652, vélin, tr. dor. (*Rel. mod.*).

Jolie édition, recherchée.

165. RONSARD. Œuvres de Ronsard. *Paris, 1604-1629*, 10 tom. en 5 vol. in-12, basane verte, tr. marb.

Le tome premier porte la date de 1629 et l'adresse de Mathieu Hénault, les tomes 2 à 8 sont datés de 1604 et au nom de Nicolas Buon, le tome 9 et le *Recueil des sonnets, odes, hymnes, élegies et autres pièces retranchées aux éditions précédentes des œuvres de Ronsard*, sont de 1609 et au nom du libraire Barthelemy Macé.

166. SAINTE-MARTHE (Scevole de). Les Œuvres de Scevole de Sainte Marthe. *Paris, Mamert Patisson*, 1579, in-4, de 4 ff. prélim., 181 ff. chiff. et 1 f. de table non chiff., mar. bleu, fil., dos orné, tr. dor. (*Lortic*).

Troisième édition de ces poésies et la plus complète. Le feuillet 94 qui précède l'*Amour* est blanc.

Exemplaire de la bibliothèque Guy-Pelion, très grand de marges.

167. SAINT-GELAIS (Mellin de). Œuvres poetiques de Mellin de S. Gelais. *A Lyon par Anthoine de Harsy*, 1574, pet. in-8, de 8 ff. prélim. non chiff. et 253 pag., mar. rouge, jans., tr. dor. (*Kauffmann*).

Exemplaire très court de marges.

168. TAHUREAU (Jacques). Les Poesies de Jacques Tahureau, du Mans, mises toutes ensemble & dédiées au reverendissime cardinal de Guyse. *A Paris, pour Jean Ruelle*, 1574, in-8, de 8 ff. prélim. et 136 ff. chiff., mar. rouge, fil., compart. de fil. et de fers azurés, dos orné, tr. dor. (*Fixon*).

Un des bons poètes du xvie siècle auquel Viollet-le-Duc consacre une intéressante notice.

169. TAHUREAU (Jacques). Les Poésies de Jacques Tahureau, in-8, mar. rouge, jans., tr. dor. (*Pagnant*).

Même édition que la précédente, avec le titre au nom d'Abel l'Angelier.

L'exemplaire est plus grand de marges, mais le titre a été fortement lavé.

170. THÉOPHILE. Les Œuvres de Theophile, divisées en trois parties. *Paris, Nicolas Pepingué,* 1662, 2 tomes en 1 vol. in-12, mar. rouge, fil., dos orné, tr. dor. (*Trautz-Bauzonnet*).

Joli exemplaire, bien relié.

171. TRELLON (Claude de). La Muse guerrière, dédiée à Monsieur le comte d'Aubijoux (par Claude de Trellon). *Paris, Abel l'Angelier,* 1589, pet. in-8, de 2 ff. prélim. et 142 ff. chiff., mar. rouge, larges dent. à pet. fers, dos orné, tr. dor. (*Duru*).

Seconde édition de la *Muse guerrière* dont la première avait été publiée chez le même libraire en 1587. La *Muse guerrière* se compose de deux livres suivis de l'*Hermitage*.

Exemplaire d'Armand Bertin.

172. TRELLON (Claude de). La Muse guerrière, dédiée à Monsieur le comte d'Aubijoux. *A Lyon, chez Pierre Rigaud,* 1614, pet. in-8, de 2 ff. prélim. et 178 ff. chiff., vélin blanc à recouv. (*Rel. mod.*).

Le volume est terminé par l'*Hermitage* dont le texte est conforme à celui de l'édition de 1589.

Quelques feuillets de cet exemplaire sont très lavés.

Nombreux témoins.

173. TRELLON (Claude de). L'Hermitage du sieur de Trellon, augmenté et corrigé de nouueau. Avec ses Regrets & Lamentations. *A Lyon, par Thibaud Ancelin,* 1593, in-8, de 4 ff. prélim. et 74 ff., mar. vert foncé, fil. à froid, tr. dor. (*Petit*).

Première édition séparée de ce poème qui forme la quatrième partie du *Cavalier parfait* publié l'année suivante à Lyon, chez P. Rigaud, et qui avait paru précédemment dans la *Muse guerrière*. Le texte a subi de grands changements dans cette édition de 1593.

Exemplaire court de marges et avec quelques taches.

174. TURRIN (Claude). Les Œuvres poetiques de Claude Tur-

rin, dijonnois. Divisé en six liures. Les deux premiers sont d'Elégies amoureuses, & les autres de Sonets, Chansons, Eclogues & Odes. A Sa Majesté. *A Paris, chez Jean de Bordeaux*, 1572, pet. in-8, de 8 ff. prélim. dont le dernier, contenant le privilège, est orné d'un grand fleuron au verso, et 96 ff. chiff., mar. rouge, comp. de fil., fleurons aux angles, milieu orné, tr. dor. (*Lortic*).

Recueil rare, orné au verso du titre du portrait gravé sur bois de Chrestienne de Baissey, demoiselle de Saillant, à laquelle la plupart de ces poésies sont consacrées.

L'exemplaire est un peu court en tête.

175. TYARD (Pontus de). Les Œuvres poetiques de Pontus de Tyard, seigneur de Bissy. Asçavoir, Trois livres des Erreurs Amoureuses. Un livre de vers Liriques. Plus un recueil des nouvelles œuvres poëtiques *A Paris, par Galliot Du Pré*, 1573, 4 ff. prélim., 164 pp. chiff., 20 ff. non chiff. — Ponti Thyardei Bissiani, ad Petrum Ronsardum, de coelestibus Asterismis Poematium. *Parisiis, apud Galeotum a Prato*, 1573, 4 ff. non chiff. — Mantice ou discours de la verité de Divination par Astrologie. Autheur Pontus de Tyard. Seconde édition augmentee. *Ibid., id., s. d.* (1573). 2 ff. prélim., 114 pp. chiff. et 1 f. non chiff. pour l'errata. — Solitaire premier, ou dialogue de la fureur poetique. Par Pontus de Tyard. Seconde édition, augmentee. *Ibid., id., s. d.* (1573), 2 ff. prélim., 68 pp., la dernière chiff. par erreur 98. — Ens. 4 parties en 1 vol. in-4, réglé, mar. bleu, jans., tr. dor. (*Pagnant*).

Les 20 ff. non chiff. des *Œuvres poétiques* contiennent le *Recueil des nouvelles œuvres poétiques*, mentionné sur le titre.

On a placé, dans cet exemplaire, le *Poematium de coelestibus asterismis* avant le *Recueil des nouv. œuvres poétiques*, peut-être avec raison, puisque les 4 feuillets de cette plaquette sont signés d'un astérique, comme le sont ordinairement les feuillets préliminaires.

Beaux encadrements gravés sur bois, aux titres des *Œuvres* et du *Solitaire*.

Bel exemplaire très grand de marges avec les encadrements des titres intacts, ce qui est rare Les 4 feuillets préliminaires de la première partie sont un peu plus courts sur le côté.

176. **VAUQUELIN DE LA FRESNAYE** (Jean). Les diverses poésies du sieur de la Fresnaye Vauquelin. *A Caen, par Charles Macé,* 1612, in-8, de 4 ff. prélim. et 744 pp. chiff., mar. rouge, milieu orné d'un médaillon de filets et feuillages, dos orné, dent. int., tr. dor. (*Trautz-Bauzonnet*).

Édition originale, de 1605, avec un nouveau titre daté de 1612. Le volume est très recherché.

Il était déjà rare au temps de Segrais qui nous en donne la raison dans ses mémoires. « Ses parents, dit-il, en parlant de Vauquelin, s'étant attachés à retirer tous les exemplaires qu'ils ont pu rencontrer, ses œuvres sont devenues si rares que j'ai eu de la peine à les trouver. »

Bel exemplaire, provenant de la bibliothèque de La Sicotière.

---

177. **PETRARQUE.** Le Petrarque en rime françoise avecq ses commentaires, traduict par Philippe de Maldeghem, seigneur de Leyschot. *A Douai, chez François Fabry,* 1606, pet. in-8, car. ital., de 12 ff. prél., 547 pag. et 6 ff. de table non chiff., mar. rouge, jans., tr. dor. (*Chambolle-Duru*).

Le verso du douzième feuillet préliminaire renferme l'*Épitaphe de Pétrarque et de Madame Laure* et, dans un médaillon, les portraits de Pétrarque et de Laure gravés sur bois.

Portrait de Pétrarque gravé en taille-douce sur le titre.

III. — THÉATRE

178. **BUCHANAN** (G.). La tragédie de Jephthé, traduicte du latin de George Buchanan escossois, par Claude de Vesel gentilhomme françois. *A Paris, par Robert Estienne,* 1566, in-8,

de 32 ff. dont le dernier non chiff., mar. rouge, jans., tr. dor. (*Trautz-Bauzonnet*).

Joli exemplaire grand de marges et bien conservé.

179. CORNEILLE (Pierre). Le Cid, tragicomedie (par Pierre Corneille). *Paris, François Targa et Augustin Courbé, s. d.* (1637), très pet. in-12, titre gravé, 3 ff. prélim. et 88 pag., mar. bleu foncé, jans., tr. dor. (*Pagnant*).

Edition rare, la première du format in-12.
Petits raccommodages aux derniers feuillets.

180. GARNIER (Robert). Les Tragédies de Robert Garnier, conseiller du Roy, lieutenant général criminel au siège presidial & senechaussée du Maine. *Paris, Mamert Patisson*, 1585, in-12, de 12 ff. prélim. et 332 ff. chiff., cuir de Russie, compart. de fil. à la Du Seuil, dos orné, tr. dor. (*Thouvenin*).

Jolie édition recherchée ; portrait de R. Garnier, ajouté en tête du volume.
Bel exemplaire.

181. JODELLE (Etienne). Les Œuvres & Meslanges poetiques d'Estienne Jodelle, sieur du Lymodin. Premier volume. *Paris, Nicolas Chesneau et Mamert Patisson*, 1574, pet. in-4, de 8 ff. prélim., 308 ff. chiff. et 2 ff. non chiff. pour la table, mar. rouge, jans., tr. dor. (*Pagnant*).

Première édition des poésies de Jodelle ; le seul volume publié.

182. JODELLE (Etienne). Les Œuvres et meslanges poetiques d'Estienne Jodelle, sieur de Lymodin. Reueuës et augmentées en ceste dernière édition. *Paris, Nicolas Chesneau et Mamert Patisson*, 1583, pet. in-12, de 12 ff. prélim., 298 ff., le dernier chiff. 294 par erreur, mar. rouge, jans., tr. dor. (*Pagnant*).

Jolie édition renfermant diverses poésies qui ne sont pas dans l'édition de 1574 et se termine par l'*Ode de la chasse* qui manque quelquefois.

IV. — ROMANS, CONTES ET NOUVELLES

183. BARCLAY (Jean). L'Argénis de Jean Barclay, traduction nouvelle enrichie de figures. *Paris, Nicolas Buon,* 1623, 1 tome en 2 vol. in-8, mar. orange, compart. de fil. à la Du Seuil, tr. dor. (*Rel. anc.*).

> Traduction de Pierre Marcassus ornée d'un titre gravé, d'un beau portrait de Louis XIII auquel l'ouvrage est dédié et de figures, le tout par *Léonard Gaultier*.
> Petites taches et annotations au crayon dans les marges.

---

184. AUBIGNÉ (D'). Les avantures du baron de Fæneste, troisième partie. Ensemble les première & seconde, reveuës, corrigées & augmentées par l'autheur de plusieurs contes. *A Maillé, par I. M., imprimeur ordinaire de l'autheur,* 1619, 3 part. en 1 vol. pet. in-8, mar. rouge, jans., tr. dor. (*Cuzin*).

> Bel exemplaire.

185. AUBIGNÉ (D'). Les Avantures du baron de Fæneste, troisiesme partie. Ensemble les première & seconde, reveuës, corrigées & augmentées par l'autheur de plusieurs contes. *A Maillé, par I. M., imprimeur ordinaire de l'autheur,* 1620, 3 part. en 1 vol. pet. in-12, mar. rouge, jans., tr. dor. (*Pagnant*).

186. BOUCHET (Guillaume). Serees de Guillaume Bouchet, juge & consul des marchands à Poictiers. Livre premier. *A Poictiers par les Bouchetz,* 1584, pet. in-4, de 10 ff. prélim. et 368 pag., mar. rouge, jans., tr. dor. (*Pagnant*).

> Première édition, rare, du premier livre des *Serées*.

187. CHAPPUYS (Gabriel). Les facétieuses journées, contenant cent certaines et agréables nouvelles, la plus part advenues de nostre temps, les autres recueillies & choisies de tous les plus excellents autheurs estrangers qui en ont escrit, par G. C. D. T. (Gabriel Chappuys, de Tours). *A Paris, pour Jean Houzé,* 1584, in-8, de 14 ff. prélim., 357 ff. chiff. et 1 f. blanc, mar. rouge, fil., dos orné, tr. dor. (*Capé*).

Volume peu commun renfermant plusieurs nouvelles plus ou moins licencieuses.

188. CHODERLOS DE LACLOS. Les Liaisons dangereuses, lettres recueillies dans une société et publiées pour l'instruction de quelques autres par C*** de L***. *Londres,* 1796, 2 vol. in-8, demi-rel. basane rouge. tr. jasp.

2 frontispices et 13 figures par *Monnet,* Mlle *Gérard* et *Fragonard fils.* Réimpression sous la date de 1796.

189. CHOISY (Abbé de). Histoire de Madame la comtesse des Barres, à Madame la marquise de Lambert (par l'abbé de Choisy). *Anvers, Van der Hey,* 1735, pet. in-12, mar. bleu, jans., tr. dor. (*Pagnant*).

Edition originale.

190. CHOLIÈRES. Les neuf matinées du seigneur de Cholières, dédiées à Monseigneur de Vendosme. *A Paris, chez Jean Richer,* 1585, in-8, de 8 ff. prélim. et 316 pag., la dernière non chiff., veau marb., fil., dos orné, tr. dor. (*Rel. anc.*).

Première édition.
Le seigneur de Cholières n'est autre que Jean Dagoneau comme l'a démontré M. Loriot dans Auteurs et livres anciens.

191. CHOLIÈRES. Les Apresdinées du seigneur de Cholières. *A Paris, chez Jean Richer,* 1587, in-12, de 8 ff. prélim., 291 ff., le dernier chiff. 191 par erreur et 1 f. de privilège, mar. grenat, jans., tr. dor. (*Pagnant*).

192. CHOLIÈRES. Les Apresdisnees du seigneur de Cholières. *Paris, Jean Richer,* 1588, in-12, de 8 ff. prélim. et 240 ff. chiff., mar. grenat, pet. dent., tr. dor.

193. CHOLIÈRES. Les Contes et discours bigarrez du sieur de Cholières, déduits en neuf matinees. *Paris, Anthoine du Breuil,* 1611, in-12, de 6 ff. prélim., 264 ff. chiff. et 2 ff. non chiff. pour la table et le privilège, dos et coins de chag. rouge, tr. jasp.

194. COMPTES DU MONDE ADVENTUREUX (Les), par A. D. S. D. *A Paris, povr Vincent Sertenas,* 1555, in-8, de 10 ff. prélim. non chiff., 245 ff. chiff. et 3 pp. non chiff. pour le privilège, mar. rouge, jans., tr. dor. (*Pagnant*).

> Recueil de 54 nouvelles, dont 19 sont tirées de *Masuccio.* Brantome les attribue à un valet de chambre de la reine de Navarre. Titre réparé, il manque quelques lettres à l'adresse de Sertenas.

195. DES PÉRIERS (Bonaventure). Les Nouvelles récréations et joyeux devis de feu Bonaventure Des Periers, valet de chambre de la Royne de Navarre. *A Lyon, par Guillaume de Roville,* 1561, in-4, de 239 pag. et 4 ff. de table non chiff., mar. bleu foncé, fil., dos orné, tr. dor. (*Kauffmann*).

> Seconde édition, presque aussi rare que la première de 1558.
> Le titre est en fac-similé et la marge du bas est refaite aux deux premiers feuillets du texte.

196. DU FAIL (Noël). Baliverneries ou contes nouveaux d'Eutrapel autrement dit Leon Ladulfi (Noël Du Fail). *Paris, E. Groulleau,* 1548, pet. in-18, mar. rouge, jans., non rogné (*Hardy*).

> Jolie réimpression exécutée en 1815 à Chiswick et tirée à 100 exemplaires.

197. DU FAIL (Noël). Les Contes et discours d'Eutrapel, par le feu seigneur de la Herissaye, gentil-homme breton. *A Rennes, pour Noël Glamet,* 1585, in-8, de 2 ff. prélim., 224 ff.

dont le dernier non chiff., mar. rouge, fil., à froid, tr. dor. (*Duru*).

Première édition, peu commune.
Le titre est raccommodé.

198. DU FAIL (Noël). Les Contes et discours d'Eutrapel, reveus et augmentez, par le feu seigneur de la Herissaye, gentilhomme breton. *A Rennes, pour Noël Glamet,* 1586, pet. in-8, de 2 ff. prél., 223 ff. chiff. et 1 f. non chiff., mar. rouge, jans., milieu orné, tr. dor. (*Chambolle-Duru*).

Troisième édition plus correcte et plus complète que l'édition originale.

199. MARGUERITE DE NAVARRE. Histoires des amans fortunez. Dediées à tres illustre Princesse Madame Marguerite de Bourbon, duchesse de Nivernois. *A Paris, par Gilles Gilles,* 1558, in-4, de 20 ff. prélim. dont le dernier blanc et 184 ff. chiff., mar. bleu foncé, compart. de fil. entrelacés et de fers azurés, dos orné, tr. dor. (*Lortic*).

Edition originale, très rare, de l'*Heptameron*. Encadrement gravé sur bois au titre.
Le dernier feuillet est refait en fac-similé.

200. MARGUERITE DE NAVARRE. L'Heptameron des nouvelles de tres-illustre et tres excellente Princesse Marguerite de Valois, Royne de Navarre : Remis en son vray ordre, confus au paravant en sa premiere impression & dedié a ..... Princesse Jeanne, Royne de Navarre, par Claude Gruget Parisien. *A Paris, pour Gilles Gilles,* 1560. (A la fin :) *Imprimé à Paris, par Benoist Prevost,* 1560, in-4, de 4 ff. prélim., 210 ff. chiff. par erreur 1-212, et 2 ff. non chiff., mar. bleu, fil., dos orné, dent. int., tr. dor. (*Lortic*).

Troisième édition de l'ouvrage et seconde, avec le texte revu par Claude Gruget.
Voir les notes intéressantes, que M. Picot donne dans la description de l'exemplaire de la bibliothèque J. de Rothschild (n° 1697).

201. MENOU (René de). Les Heures perdues d'un cavalier françois. Reueues, corrigées & augmentées par l'auteur. Dans lequel les esprits mélancoliques trouveront des remèdes propres pour dissiper cette fascheuse humeur. *A Paris, chez Arnould Cotinet,* 1662, in-12, de 4 ff. prélim. et 400 pag. chiff., veau fauve, fil., tr. dor. (*Thouvenin*).

> La dernière des cinq éditions de ce livre publiées au xviie siècle. Voir sur ce livre et son auteur, René de Menou, l'intéressante notice publiée par M. Loviot dans *Auteurs et livres anciens.*

202. MOULINET (de). L'Histoire comique des Francion, où les tromperies, les subtilitez, les mauvaises humeurs, les sottises & tous les autres vices de quelques personnes de ce siècle, sont naïfuement representez. Nouvelle édition reueuë & augmentée de beaucoup (par de Moulinet, sieur du Parc). *Rouen, Adrian Ovin,* 1635, in-8, de 10 ff. prélim. et 812 pag., vélin.

> Edition rare, ne contenant que onze livres. Elle est imprimée sur mauvais papier et rarement en bon état.

203. PARIVAL (J.-N. de). Histoires facetieuses et moralles, assemblées & mises au jour par J. N. D. P. (J.-N. de Parival). Avec quelques histoires tragiques. *A Leiden, chez Salomon Vaguenaer,* 1663, pet. in-12, réglé, mar. bleu foncé, fil., dos orné, tr. dor. (*Trautz-Bauzonnet*).

> Cette édition, bien imprimée, se joint à la collection des Elzéviers. Joli exemplaire, bien relié.

204. RABELAIS. Les Œuvres de M. F. Rabelais D. en medecine ou est contenue l'histoire des faicts heroïques de Gargantua et de son fils Pantagruel. *S. l. n. d.,* petit in-8, de 1058 pag. très mal. chiff. et 11 ff. de table non chiff., mar. rouge, fil., dos orné, tr. dor. (*Capé*).

> Une des deux éditions publiées en 1626, la seconde a un titre

imprimé reproduit par Plan : *Les éditions de Rabelais de* 1532 *à* 1711.

Cette première édition a pour titre un portrait de Rabelais, gravé par *Michel Lasne* ayant le titre reproduit plus haut, gravé au bas de la planche.

Elle est intéressante, c'est la première, depuis 1583, composée sur des versions originales des livres séparés.

205. RESTIF DE LA BRETONNE. La Vie de mon père, par l'auteur du Paysan perverti (Restif de la Bretonne). *Neufchatel et Paris, Vve Duchesne,* 1779, 2 part. en 1 vol. in-12, mar. rouge, fil., dos orné, tr. dor. (*Rel. mod.*).

2 frontispices et 12 figures non signés. Sur les titres deux petits médaillons, portraits du père et de la mère de Restif de la Bretonne.

206. SOREL (Charles). Le Berger extravagant ou parmy des fantaisies amoureuses on void les impertinences des romans & de la poesie (par Ch. Sorel). *Iouxte la copie imprimée à Paris,* 1627, in-8, de 7 ff. prélim. dont 1 frontispice, 422 pag. et 1 f. blanc, mar. rouge, jans., tr. dor. (*Féchoz*).

Réimpression des six premiers livres de ce roman. Les feuillets préliminaires sont rognés à la lettre.

207. VOYAGE D'ESPAGNE, contenant entre plusieurs particularitez de ce royaume, trois discours politiques sur les affaires du Protecteur d'Angleterre, de la reine de Suède & du duc de Lorraine. Avec une relation de l'estat et gouvernement de cette monarchie & une relation particulière de Madrid. Reveu, corrigé & augmenté sur le Mss. *A Cologne, chez Pierre Marteau,* 1667, 2 part. en 1 vol. pet. in-12, front. gravé, mar. rouge, jans., tr. dor. (*Trautz-Bauzonnet*).

Édition imprimée à Amsterdam par Abr. Wolfgang. L'auteur de cette relation est Fr. d'Aerssen de Sommelsdyck, gentilhomme hollandais.

---

208. BOCCACE. Il Decameron di messer Giovanni Boccacci,

cittadin fiorentino, di nuouo ristampato, e riscontrato in Firenze con testi antichi & alla sua vera lettione ridotto dal cavalier Lionardo Salviati. *In Venetia, appresso Alessandro Vecchi,* 1597, pet. in-4, de 8 ff. prélim. et 479 pag., mar. rouge, fil. à froid, tr. dor. (*Niédrée*).

 Édition ornée de nombreuses figures gravées sur bois.
 Exemplaire bien conservé d'un livre rarement en bon état.

209. BOCCACE. Le Decameron de Missire Jehan Bocace florentin. Nouvellement traduict d'italien en françoys par maistre Anthoine le Maçon conseiller du Roy. *Paris, Estienne Groulleau,* 1551, in-8, de 16 ff. prélim. et 350 ff. chiff., mar. rouge, fil., dos orné, tr. dor. (*Thibaron*).

 Édition trés rare imprimée par E. Groulleau ; elle est ornée de figures gravées sur bois. Il y a des exemplaires qui portent le nom du libraire Jehan Ruelle sur le titre.

210. HYPNEROTOMACHIE, ou Discours du songe de Poliphile deduisant comme amour le combat à l'occasion de Polia. Nouuellement traduict de langage italien en françois (par Jean Martin). *Paris, Iaques Kerver,* 1554, in-fol., fig., mar. rouge, fil. à froid, fleurons aux angles, tr. dor. (*Capé-Masson-Debonnelle*).

 Seconde édition française, ornée de nombreuses et belles figures gravées sur bois parues pour la première fois en 1546.
 Exemplaire très grand de marges, légers raccommodages.

211. MASUCCIO. Le cinquanta novelle di Massuccio Salernitano intitolate il Novellino, nuovamēte cōsomma diligentia reviste, corrette & stampate. (A la fin :) *Stampate in Vinegia per Marchion Sessa. Anno domini,* 1531, in-8, de 232 ff., mar. rouge, filet à froid, tr. dor. (*Rel. anc.*).

 Encadrement gravé sur bois entourant le titre.
 Le dernier feuillet est plus court. Mouillures.

212. STRAPAROLE Les facecieuses nuictz du seigneur Ian François Straparole. Aueq les fables & enigmes racontées par deux jeunes gētilzhommes & dix damoiselles. Nouuellement traduittes d'italien en françois, par Jean Louueau. *A Lyon, par Guillaume Rouille,* 1560, in-8, de 367 pag., mar. vert, jans., tr. dor. (*Pagnant*).

    Le titre est compris dans un encadrement gravé sur bois.
    Édition originale de la première partie de l'ouvrage de Straparole. Très rare.

213. CASTILLO DE SALORZANO. La Fouyne de Séville, ou l'hameçon des bourses, traduit de l'espagnol de D. Alonço de Castillo Sauorçano. *Paris, Louis Billaine,* 1661, in-8, de 2 ff. prél., 592 pag. et 1 f. de privilège non chiff., mar. grenat, fil., dos orné, tr. dor. (*Brany*).

    Traduction de Le Metel de Boisrobert.

V. — FACÉTIES. — DISSERTATIONS SINGULIÈRES. — PHILOLOGIE. — DIALOGUES. — POLYGRAPHES.

214. ARRETIN (L') (par du Laurens). *A Rome (Amsterdam), aux dépens de la Congrégation de l'Index,* 1772, 2 part. en 1 vol. pet. in-8, veau fauve, fil., tr. dor. (*Rel. anc.*).

215. BEROALDE DE VERVILLE. Le Moyen de parvenir, œuvre contenant la raison de tout ce qui a esté, est, & sera. Avec demonstrations certaines & nécessaires, selon la rencontre des effects de vertu. Reueu, corrigé & augmenté par le mesme autheur. *Imprimé ceste année. S. l. n. d.,* in-12, titre et 972

pag., la dernière numérotée 672 par erreur, mar. rouge, fil., dos orné, tr. dor. (*Bauzonnet-Trautz*).

Édition imprimée en gros caractères.
Bel exemplaire, grand de marges et avec de nombreux témoins.

216. BÉROALDE DE VERVILLE. Le Moyen de parvenir, œuvre contenant la raison de tout ce qui a esté, est, et sera, avec demonstrations certaines & nécessaires, selon la rencontre des effets de vertu. *S. l., imprimé cette année,* très pet. in-12, de 439 pag., mar. vert à longs grains, dent., tr. dor. (*Simier*).

Édition rare et recherchée qui s'ajoute à la collection des Elzéviers. D'après Willems, elle a été imprimée à Leyde chez S. Mathys.
Aux armes de Rothesay.

217. BÉROALDE DE VERVILLE. Le Moyen de parvenir, nouvelle édition. *A**** 1000 700 57 (1757); 2 vol. pet. in-12, frontispice de Martinet, veau fauve, dent., dos orné, tr. dor.

Bel exemplaire.

218. BÉROALDE DE VERVILLE. Le Palais des curieux, auquel sont assemblées plusieurs diuersitez pour le plaisir des doctes & le bien de ceux qui desirent sçauoir. *A Paris, chez la veufue M. Guillemot & S. Thiboust,* 1612, in-12, de 8 ff. prélim. et 584 pag., mar. rouge, fil., dos orné, tr. dor. (*Rel. anc.*).

Bel exemplaire de ce volume intéressant et très rare.

219. CHAPPUYS (Gabriel). Les Mondes célestes, terrestres et infernaux, tirez des œuvres de Doni, florentin par Gabriel Chappuis, tourangeau. *Lyon, Barthelemy Honorati,* 1578, in-8, de 8 ff. prélim., 464 pag. et 3 ff. de table non chiff., mar. brun, fil., dos orné, tr. dor. (*Petit*).

Figures sur bois.
Exemplaire très court de marges.

220. COURVAL-SONNET. Satyre contre les charlatans et pseudomedecins empyriques, en laquelle sont amplement des-

couvertes les ruses & tromperies de tous theriacleurs, alchimistes, chimistes, paracelsistes, distillateurs, extravacteurs de quintescences, fondeurs d'or potable, maistres de l'elixir & telle pernicieuse engeance d'imposteurs, par M⁽ᶜ⁾ Thomas Sonnet, sieur de Courval. *Paris, Jean Milot,* 1610, in-8, de 15 ff. prélim. et 335 pag., veau marb., tr. rouges (*Rel. anc.*).

    Portrait du comte de Flers auquel l'ouvrage est dédié ; le quinzième feuillet préliminaire qui contient le portrait de l'auteur par L. *Gaultier* est resté blanc dans cet exemplaire. On y a ajouté un ex. de ce portrait, court de marges.

221. GARZONI (Thomas). L'Hospital des fols incurables où sont deduites de poinct en poinct toutes les folies & les maladies d'esprit tant des hommes que des femmes. Œuvre non moins utile que recreative & necessaire à l'acquisition de la vraye Sagesse, tirée de l'italien de Thomas Garzoni & mise en nostre langue par François de Clarier sieur de Long-val. *Paris, François Julliot,* 1620, in-8, de 2 ff. prélim., 267 pag. chiff. et 1 page non chiff. pour le privilège, veau marb., fil., tr. marb. (*Rel. anc.*).

222. HOTMAN (Antoine). Traicté de la dissolution du mariage par l'impuissance & froideur de l'homme ou de la femme. *Paris, Mamert Patisson,* 1595, in-8, de 52 pag., mar. citron, jans., tr. dor. (*Pagnant*).

    Seconde édition de ce traité souvent réimprimé. Elle est plus complète que la première de 1581.

223. PARADOXES, ce sont propos contre la commune opinion : debatuz, en forme de declamations forēses : pour exerciter les jeunes esprits, en causes difficiles. Revuez et corrigez pour la seconde fois. *A Paris, par Charles Estienne,* 1554, pet. in-8, réglé, de 158 pp. et un feuillet blanc, mar. bleu, fil., dos orné, tr. dor. (*Trautz-Bauzonnet*).

    Ces « Paradoxes », au nombre de 25, sont une imitation et

presque une traduction de la plus grande partie des trente *Paradossi* d'Ortensio Landi.

Jolie édition imprimée en caractères italiques très fins.

On a relié avec cet exemplaire : *Paradoxe que le plaider est chose très utile et nécessaire à la vie des hommes.* A Paris, chez Charles Estienne, 1554, 16 ff. non chiff., imprimés en caractères ronds.

Bel exemplaire.

224. PLUTARQUE. De l'heur et malheur de mariage. Ensemble les loix connubiales de Plutarque, traduictes en françois, par Jehan de Marconville, gentilhomme percheron, reueu & augmenté. *Paris, Jean Dallier,* 1571, in-8, de 8 ff. prélim. et 84 ff., le dernier non chiff., mar. brun, jans., tr. dor. (*Chambolle-Duru*).

Bel exemplaire grand de marges.

---

225. BONNES RESPONCES a tous propos, italien et françois, liure fort plaisant & delectable, auquel est contenu grand nombre de prouerbes & sentences joyeuses, de plusieurs matieres, desquelles par honnesteté on peut user en toute compagnie. Traduit d'italien (de Giovanni Bellero) en françois. *A Rouen, chez Claude le Villain,* 1610, pet. in-12, de 164 pag. dont les 6 premières non chiff. et 1 f. non chiff. contenant un avis au lecteur en italien, veau fauve, fil., tr. dor. (*Lardière*).

Ce volume renferme de nombreux proverbes assez grossiers.
Exemplaire Viollet-le-Duc.

226. BOUVELLES (Charles de), chanoine de Noyon. Caroli Bovilli Samarobrini, proverbiorum vulgarium, libri tres. *Vænundantur a Gallioto Pratēsi...,* 1531, pet. in-8, titre rouge et

noir, lettres rondes, 12 ff. prélim. et 171 ff. chiff., mar. orange, fil. à froid, tr. dor.

Édition en lettres rondes, imprimée à Paris par Pierre Vidoue. Exemplaire grand de marges, avec témoins.

227. ERASME. Les Apophthegmes, cueilliz par Didier Erasme, de Roterdam, translatez de latin en françoys par l'Esleu Macault, secretaire et vallet de chambre ordinaire du Roy. Reueuz & corrigez de nouueau. *A Lyon, chez Macé Bonhomme,* 1549, in-16, de 695 pag. et 3 ff. non chiff., mar. rouge, jans., tr. dor. (*Pagnant*).

Petit raccommodage au titre.

228. ERASME. Les troys derniers livres des apophthegmes, c'est à dire brieues & subtiles rencontres recuillies par Erasme. Mises de nouueau en françoys & non encor par cy-deuant imprimées. *A Paris, pour Jean Longis,* 1553, in-8, de 8 ff. prélim. et 191 ff. chiff., mar. rouge, jans., tr. dor. (*Pagnant*).

229. ESTIENNE (Henri). L'Introduction au Traité de la conformite des merveilles anciennes avec les modernes. Ou, traite preparatif à l'Apologie pour Herodote. *L'an M. D. LXVI.* (1566) *au mois de Novembre. S. l.* (Paris, Robert I*er* Estienne). Pet. in-8, de 16 ff. prélim. et 572 pp. chiff., marque de Robert I*er* Estienne (Silvestre, n° 958), mar. rouge, 3 compart. de fil. et de fers à froid, milieu orné, dos orné, tr. ciselées et dor. (*Lortic*).

ÉDITION ORIGINALE rare et recherchée, étant la seule des anciennes éditions dont le texte n'ait pas été altéré.

Bel exemplaire non cartonné à la page 280.

230. ESTIENNE (Henri). Apologie pour Herodote ou traité de la conformité des merveilles anciennes avec les modernes, par Henri Estienne. Nouvelle édition faite sur la première, aug-

mentée de tout ce que les posterieures ont de curieux, et de remarques par M. Le Duchat. *La Haye, Henri Scheurleer,* 1735, 3 part. en 2 vol. in-12, frontispices, mar. bleu, jans., tr. dor. (*Féchoz*).

231. GOMES DE TRIER. Le Jardin de récréation auquel croissent rameaux, fleurs et fruicts, très beaux, gentilz & souëfs, soubz le nom de six mille proverbes & plaisantes rencontres françoises recueillies & triées par Gomes de Trier. *A Amsterdam, par Paul de Rowesteyn,* 1611, pet. in-4, titre gravé, vélin à recouv., tr. rouges (*Rel. mod.*).

> Ce volume renferme 5806 proverbes rangés par ordre alphabétique ; il est peu commun.
> Exemplaire un peu court de marges.

232. MEURIER (Gabriel). Tresor de sentences dorees, dicts, proverbes et dictons communs reduits selon l'ordre alphabetic. Avec le Bouquet de philosophie morale reduict par demandes & responces, par Gabriel Meurier. *Paris, Nicolas Bonfons,* 1582, in-16, de 382 pag. et 1 f. non chiff., mar. olive, fil. doré et pet. dent. à froid, dos orné, tr. dor. (*Thouvenin*).

> Encadrement gravé sur bois au titre.
> Exemplaire Yémeniz, contenant de nombreux petits traits au crayon rouge à l'intérieur du volume.

233. OUDIN (César). Proverbes espagnols traduits en françois par César Oudin. *Paris, Marc Orry,* 1605, in-12, de 8 ff. prélim. non chiff. et 187 pag., vélin à recouvr. (*Rel. mod.*).

> Le texte espagnol accompagne la traduction française.
> Première édition de ce recueil souvent réimprimé.

234. SYRUS (Publius). Publii Syri mimi, auctiores & ordine commodiori quam hactenus, descripti ac latina D. Erasmi & gallica explicatione ad puerorum captum accommodati. *Pari-*

siis, 1554, *apud Guilielmum Morelium*, in-8, de 93 pag., mar. rouge, jans., tr. dor. (*Trautz-Bauzonnet*).

<blockquote>Joli exemplaire de la bibliothèque du comte de Lignerolles.</blockquote>

---

235. TAHUREAU (Jacques). Les Dialogues de feu Jaques Tahureau gentilhomme du Mans, non moins utiles que facetieus. Ou les vices d'un chacun sont repris fort âprement pour nous animer dauantage à les fuir & suivre la vertu. A Monsieur M. François Pierron. *A Paris, chez Gabriel Buon*, 1565, in-8, de 12 ff. prélim. et 267 pag., veau fauve, fil., dos orné, tr. dor. (*Rel. mod.*).

<blockquote>Première édition des *Dialogues* de Tahureau ; elle est très rare. Le titre est fortement taché.</blockquote>

236. VIVES (J.-L.). Les Dialogues de Jean Loys Vives, traduits de latin en françois pour l'exercice des deux langues. Ausquels est adjoustée l'explication françoise des mots latins plus rares & moins usagez par Gilles de Housteville. Avec ample déclaration & traduction des passages grecs en latin par P. de la Motte. *A Chalons de l'impression de C. Guyot*, 1607, in-16, mar. rouge, jans., tr. dor. (*Vauthrin*).

<blockquote>Édition imprimée sur deux colonnes ; elle est rare.</blockquote>

---

237. BRESLAY (Pierre). L'Anthologie ou recueil de plusieurs discours notables tirez des bons autheurs grecs & latins, par Pierre Breslay, angevin. *A Paris, chez Jean Poupy*, 1574, in-8, de 8 ff. prélim., 100 ff. chiff. et 15 ff. de table non chiff., mar. brun, fil. à froid, fleurons et milieu doré, tr. dor. (*Chambolle-Duru*).

<blockquote>Recueil recherché.</blockquote>

238. DOLET (Etienne). Stephani Doleti orationes duae in Tholosam. Ejusdem epistolarum libri II. Ejusdem carminum libri II. Ad eundem epistolarum amicorum liber. *S. l. n. d.,* in-8, de 4 ff. prél., 246 pag. chiff. et 1 f. non chiff. d'errata, mar. rouge à longs grains, fil. à froid, tr. dor. (*Pagnant*).

Ce volume, imprimé à Lyon par Gryphius, est le premier ouvrage publié par Dolet ; il est rare.

239. DOMAYRON (A.). Histoire du siège des muses, ou parmi le chaste amour est traicté de plusieurs belles & curieuses sciences, divine, moralle & naturelle, architecture, alchimie, peinture et autres, par A. Domayron tholozain, dédié à ses amis. *Lyon, Simon Rigaud,* 1610, in-8, titre gravé, 478 pag. et 1 f. de privilège, mar. rouge, fil., dos orné, tr. dor. (*Heldt*).

Titre doublé et quelques manchettes atteintes.

240. DU VERDIER (Antoine). Les diverses leçons d'Antoine Du Verdier, sieur de Vaupriuaz, etc. suiuans celles de Pierre Messie, contenant plusieurs histoires, discours & faicts memorables recueilliz des autheurs grecs, latins et italiens. *A Lyon, par Estienne Michel,* 1580, in-8, de 10 ff. prélim., 422 pag. chiff. et 10 ff. non chiff. de table et 1 f. blanc contenant au verso la marque du libraire, vélin blanc à recouv. (*Pagnant*).

Seconde édition revue et augmentée par l'auteur dont le portrait gravé sur bois se trouve au verso du dernier feuillet prélim.

HISTOIRE

I. — VOYAGES, HISTOIRE ANCIENNE

241. BÉNARD. Le Voyage de Hierusalem et autres lieux de la Terre S^{te} faict par le Sr Benard, parisien, chevalier de l'ordre du St Sepulchre de nrē Seigneur. Ensemble son retour par l'Italie, Suisse, Allemagne, Hollande et Flandre en la tres fleurissante et peuplée ville de Paris. *Paris, Denis Moreau, 1621,* in-8, titre gravé par Blanchin, 8 ff. prélim. dont 1 portrait et 760 pag., la dernière non chiff., mar. rouge, jans., tr. dor. (*Chambolle-Duru*).

> Beau portrait de Nicolas Bénard, à l'âge de 25 ans, gravé par *Gaspar Isaac*.

242. CESAR (Jules). Les Commentaires de Jules Cesar, translatez par feu de bonne mémoire Robert Gaguin. *1541, on les vend à Paris au clos Bruneau par Guillaume le Bret,* in-8, de 10 ff. prélim. et 222 ff. chiff., vélin souple (*Rel. mod.*).

243. CÉSAR (Jules). Les Commentaires de Jules Cesar translatez par noble homme Estienne de Laigue dit Beauuoys, nouuellement reueuz & corrigez. Avec les pourtraictz & descriptions des lieux, fortz, pontz, machines et autres choses

dont est faict mention en presens commentaires. *Imprimé à Paris par Pierre Gaultier pour Jehan Barbé,* 1545, in-16, de 24 ff. prélim. et 391 ff. chiff., mar. bleu, jans., tr. dor. (*Bauzonnet-Trautz*).

Bel exemplaire d'une édition imprimée en petits caractères ronds et ornée de figures gravées sur bois.

244. LE ROY (Louis). De la vicissitude ou variété des choses de l'univers et concurrence des armes & des lettres par les premiers (*sic*) & plus illustres des nations du monde, depuis le temps ou a commencé la ciuilité & memoire humaine jusques à présent, par Loys Le Roy dict Regius. *A Paris, à l'olivier de Pierre L'Huillier,* 1583, in-8, de 6 ff. prélim. et 255 ff. chiff., mar. bleu foncé, jans., tr. dor. (*Chatelin*).

Ouvrage curieux et rare traitant d'une grande quantité de choses : faicts d'armes — nouveautés d'inventions — navigations non attentées du paravant — découvremens de terres neuves incogneues — diversités des habitations de la terre — diversités des caractères, instrumens et matières pour escrire — art de naviguer — la cannonnerie qui a faict cesser les autres instrumens militaires anciens, la grosse verole, maladie nouvelle, etc., etc.

Trous de vers raccommodés aux premiers feuillets.

245. MACHIAVEL (Nicolas). Le Discours de l'estat de paix et de guerre de messire Nicolas Machiavelli, secretaire & citoyen florentin, sur la première decade de Tite Liue, traduict d'italien en françoys. *Paris, Estienne Groulleau,* 1559, in-8, de 14 ff. prélim. et 178 ff., le dernier non chiff., vélin blanc à recouv. (*Pagnant*).

Joli petit portrait de Machiavel, gravé sur bois au recto du dernier feuillet.

Traduction de Jacques Gohory et première édition contenant les trois livres réunis.

246. SUETONE Tranquille de la vie des XII Cesars, traduit

par George de la Boutière autunois. *Paris, Claude Micard*, 1570, in-16, vélin à recouv., tr. dor. (*Pagnant*).

Titre dans un encadrement gravé sur bois et portraits des douze Cesars, en médaillons, également gravés sur bois.

Le volume est terminé par un *Brief recueil des dignitez sacerdotales et magistrats des anciens romains*.

II. — HISTOIRE DE FRANCE

247. ANTI-HUGUENOT (L'). Pour responce a un bref discours par lequel on tache d'esclaircir un chacun des iustes procédures de ceux de la pretendue religion. Edition seconde. *S. l.*, 1599, pet. in-12, titre, 174 pages et 1 f. blanc vélin (*Rel. mod.*).

Attribué à Guillaume Reboul.

248. ARTAGNAN (d'). Mémoires de M^r d'Artagnan, capitaine-lieutenant de la première compagnie des mousquetaires du Roi, contenant quantité de choses particulières et secrètes qui se sont passées sous le règne de Louis le Grand. *A Cologne, chez Pierre Marteau*, 1701, in-12, mar. La Vall., comp. de fil. à la Du Seuil, tr. dor. (*Pouget*).

249. CHEVALIER FRANÇOIS (Le). *S. l. n. d.*, 1606, pet. in-12, titre et 335 pag., mar. brun, jans., tr. dor. (*Capé*).

Ce livre, dont l'auteur est Julien Peleus, avocat au parlement, a pour titre une grande figure gravée sur bois représentant le Chevalier françois à cheval.

Sur le feuillet de garde, note d'une jolie écriture de 1607 indiquant que le livre a été acheté sur le pont Notre-Dame et, à la page 3, la marque de Lamoignon.

250. COMMINES (P. de). Chronique et histoire faicte et composée par feu Messire Philippe de Commines, cheualier, seigneur

d'Argenton, contenant les choses aduenues durant le regne du Roy Loys unziesme & Charles huictiesme son filz, tant en France, Bourgongne, Flandres, Arthois, Angleterre & Italie, que Espaigne & lieux circonuoysins. Nouuellement reueue & corrigée, auec plusieurs notables mis au marge pour le sommaire de ladicte histoire. *Paris, Galliot du Pré,* 1546, in-8, de 8 ff. prélim., 248 ff. dont le dernier contient, au verso, la marque de Galliot du Pré, mar. vert, comp. de fil. à froid, fleurons dor. aux angles et au milieu, tr. dor. (*Chambolle-Duru*).

Édition peu commune imprimée en caractères ronds, très fins.

251. COMMINES (Philippe de). Les Memoires de Messire Philippe de Commines, chevalier, seigneur d'Argenton, sur les principaux faicts & gestes de Louis onziesme & de Charles huictiesme son filz, roys de France, reveus & corrigez par Denis Sauvage, de Fontenailles en Brie, sur un exemplaire pris à l'original de l'autheur & suyvant les bons historiographes & croniqueurs. *On les vend à Paris par Galiot du Pré,* 1561, in-fol., encad. gravé sur bois au titre, vélin à recouv. (*Rel. mod.*).

Exemplaire grand de marges, avec de nombreux témoins.

252. CRONIQUE (La) du tres chretien & victorieux Roy Loys unziesme du nom (que Dieu absolue) avec plusieurs histoires aduenues tant es pays de France, Angleterre, que Flandres & Artois, puis l'an mil quatre cens soixante et un jusqu'en l'an mil quatre cens quatre vingtz & trois. *Paris, Galliot du Pré,* 1558, in-8, de 2 ff. prélim., 167 ff. chiff. et 1 f. pour la marque de Galliot du Pré, veau fauve (*Rel. anc.*).

Notes manuscrites du xvie siècle sur des feuillets intercalés dans le volume.

Ouvrage plus connu sous le titre de « Chronique scandaleuse » et qu'on attribue ordinairement à Jean de Troyes.

253. DIALOGUE d'entre le maheustre et le manant. Contenant

les raisons de leurs debats & questions en ces presens troubles au royaume de France. S. l., 1595, pet. in-12, de 201 ff. chiff., mar. bleu foncé, jans., tr. dor. (*Chambolle-Duru*).

>Attribué à Crucé, à Rolland et à Lazare Morin.
>Cette édition, imprimée deux ans après l'édition originale, est peu commune.

254. DISCOURS merveilleux de la vie, actions & departemens de Catherine de Medicis Royne mère, auquel sont traitez les moyens qu'elle a tenu pour usurper le gouvernement du royaume de France & ruiner l'estat d'iceluy. S. l., 1575, pet. in-8, de 182 pag., mar. violet, fil., dos orné (*Thomas*).

>Édition originale de ce pamphlet attribué à H. Estienne.
>Sur le titre, signature autographe de Cl. Chrestien fils de Florent Chrestien, l'un des auteurs de la *Satyre Ménippée*.

255. DISCOURS non plus melancoliques que divers, de choses mesmement qui appartiennent à notre France : & à la fin, la manière de bien & justement entoucher les lucs & guiternes. *A Poitiers, de l'imprimerie d'Enguilbert de Marnef*, 1556, in-4, de 4 ff. prélim. et 112 pag. chiff., mar. vert, fil., dos orné, tr. dor. (*Bauzonnet*).

>Livre rare et curieux attribué à E. Vinet, J. Peletier et Bonaventure Desperiers.
>Exemplaire bien conservé de la bibliothèque Turner.

256. JOUAN (Abel). Recueil et discours du voyage du Roy Charles IX de ce nom à present regnant, accompagné des choses dignes de memoire faictes en chacun endroit faisant son dit voyage en ses païs et provinces de Chãpaigne, Bourgoïgne, Daulphiné, Pouence, Languedoc, Gascoigne, Baïonne, et plusieurs autres lieux, suyvant son retour depuis son partement de Paris jusques à son retour audit lieu, ès années Mil cinq cens soixante quatre et soixante cinq. Faict et recueilly par Abel Jouan, l'un des serviteurs de Sa Majesté.

A Tolose, par Jacques Colomies, 1566, pet. in-4, de 64 feuillets non chiffrés, mar. rouge, dent., doublé de mar. rouge, dent., tr. dor. (*Chambolle-Duru*).

    Édition fort rare et non citée de cette relation curieuse ; le texte est absolument semblable à celui de l'édition in-8, publiée également en 1566, par Jean Bonfons, à Paris.

    Exemplaire du Bon Pichon (vente de 1897) ; quelques petits raccommodages.

257. LAVAL (Antoine de). Desseins de professions nobles et publiques, contenant plusieurs traités divers & rares : avec l'histoire de la Maison de Bourbon, jadis dediez au feu Roy Henri IIII et maintenant au tres-chrétien & tres-puissant Roy de France et de Navarre Louis XIII. Autrefois proposés en forme de leçons paternelles pour avis & conseils des chemins du monde, par Antoine de Laval. Edition seconde. *Paris, Vve Abel l'Angelier,* 1613, in-4, mar. vert, jans., tr. dor. (*Pagnani*).

    Curieux recueil dont la première édition a paru en 1605. Beau portrait et armoiries d'A. de Laval, gravés en taille-douce.

    Sur le titre, cachets des doubles de la Bibliothèque nationale.

258. LÉGENDE de domp Claude de Guyse, abbé de Cluny, contenant ses faits & gestes, depuis sa nativité jusques à la mort du cardinal de Lorraine : et des moyens tenus pour faire mourir le roy Charles neufieme, ensemble de plusieurs princes, grands seigneurs & autres, durant ledit temps. *S. l.,* 1581, in-8, de 10 ff. prélim. et 256 pag., mar. grenat, jans., tr. dor. (*Rel. mod.*).

    Écrit satirique attribué à Jean Dagoneau et à Gilbert Regnault, seigneur de Vaux.

259. L'ISLE (François de). La Légende de Charles, cardinal de Lorraine & de ses frères de la maison de Guise. Descrite en trois livres par Francois de l'Isle. *A Reims de l'Imprimerie de*

Jaques Martin, 1576, in-8, de 6 ff. prélim., 119 ff. chiff. et 1 f. blanc, mar. rouge, fil., milieu orné, tr. dor. (*Cuzin*).

Bel exemplaire.

260. MARGUERITE de Valois, reine de France. Les Mémoires de la Roine Marguerite. *A Paris, par Charles Chappellain,* 1628, pet. in-8, de 5 ff. prélim. et 362 pag. mar. orange, dent., tr. dor. (*Rel. anc.*).

Édition originale de ces mémoires; elle est imprimée en gros caractères.

261. PARADIN (Guillaume). Histoire de nostre temps, faite en latin par maistre Guillaume Paradin & par lui mise en françois. Depuis par lui-mesme reueue & augmentée. *Lyon, Jean de Tournes et G. Gazeau,* 1552, in-16, de 30 ff. prélim. et 757 pag., mar. brun, fil. à froid, tr. dor. (*Rel. mod.*).

262. PHILADELPHE (Eusèbe). Le Réveil-matin des françois et de leurs voisins, composé par Eusèbe Philadelphe cosmopolite, en forme de dialogues. *A Edimbourg, de l'Imp. de Jaques James,* 1574, in-8, de 20 ff. prélim. dont le dernier blanc, 159 pag. pour le premier dialogue, 192 pag. et 1 f. blanc pour le second, mar. rouge, fil., fleuron aux angles, dos orné, tr. dor. (*Petit, succ. de Simier*).

Edition originale recherchée, des deux dialogues réunis.

Ouvrage attribué à Nicolas Barnaud de Crest. La première partie donne un récit des luttes religieuses qui suivirent la Saint-Barthélemy. Dans la seconde, l'auteur s'élève contre les abus et le luxe du clergé catholique.

263. SATYRE MENIPPÉE de la vertu du catholicon d'Espagne et de la tenue des Estatz de Paris. *S. l.,* 1593, in-8, de 255 pag. y compris le titre et l'avis au lecteur, parch. (*Rel. anc.*).

Une des trois éditions que cite Brunet sous la date de 1593.
Mouillure dans la marge du haut des derniers feuillets.

264. **SATYRE MÉNIPPÉE** de la vertu du catholicon d'Espagne et de la tenue des Estats de Paris. A laquelle est adjousté un disccurs sur l'interpr tation du mot de *Higuiero d'infierno* & qui en est l'autheur. Plus le regret sur la mort de l'Asne ligueur d'une damoyselle qui mourut durant le siège de Paris. *S. l.*, 1593, pet. in-12, de 414 pag., mar. rouge, jans., tr. dor. (*Raparlier*).

    Edition rare imprimée la même année que l'édition originale, elle passe pour être la première contenant l'*Asne ligueur*, de Passerat.

265. **SATYRE MENIPPÉE** de la vertu du Catholicon d'Espagne et de la tenue des Estats de Paris. Augmenté de nouueau outre les précédentes impressions du supplément du Catholicon ou abrégé des Estats. Auec les tableaux de Jean de Lagny (le duc de Parme). *S. l.*, 1599, pet. in-12 de 141 pag., 3 pet. fig. sur bois, mar. rouge, jans., tr. dor. (*Kauffmann*).

    Petite édition peu commune.

266. **SERRES** (J. de). La Vie de messire Gaspar de Colligny, seigneur de Chastillon, admiral de France (par Jean de Serres). A laquelle sont adjousté ses mémoires sur ce qui se passa au siège de S. Quentin. *A Leyde, chez Bonav. et Abraham Elzevier*, 1643, 2 parties en un vol pet. in-12, de 4 ff. prélim. non chiff., 143 pp. pour la Vie et 88 pp., y compris le titre spécial, pour les Mémoires, mar. rouge, dos orné, tr. dor (*Pagnant*).

    Édition recherchée, imprimée à Leyde par Bonaventure et Abraham Elzevier.
    Haut., 0^m,129.
    Tache à deux feuillets.

267. **SEYSSEL** (Claude de). La grād monarchie de France, composée par Messire Claude de Seyssel, lors euesque de Marseille & depuis archeuesque de Turin. La loy Salicque, première loy

des françoys. *On les vend... en la bouticque de Galiot du Pré* (1541), in-8, de 12 ff. prélim. dont le dernier blanc et 99 ff. chiff., mar. bleu foncé, chiffre aux angles et sur le dos de la reliure, tr. dor. (*Niédrée*).

Encadrement au titre et petites figures gravées sur bois dans le texte.

268. SEYSSEL (Claude de). Histoire du roy Loys douziesme, pere du peuple, par Mess. Claude de Seissel. *A Paris, chez Jacques Du Puys*, 1587, in-8, réglé, de 8 ff. prélim. et 75. ff. chiff., mar. bleu foncé, fleur de lis aux angles, tr. dor. (*Capé*).

269. SORBIN (Arnaud). Histoire contenant un abbrégé de la vie, mœurs et vertus du roy tres-chrestien et debonnaire Charles IX, vrayement piteux, propugnateur de la foy catholique & amateur des bons esprits... par A. Sorbin, dit de Saincte Foy, son prédicateur. Seconde édition, reueuë & augmentée par l'autheur. *Paris, Guillaume Chaudière*, 1574, in-8, de 48 ff. dont le dernier blanc, mar. brun., jans., tr. dor. (*Thibaron-Joly*).

Première édition.

270. TOCSAIN (Le) contre les massacreurs et auteurs des confusions en France. Par lequel, la source & origine de tous les maux, qui de long temps travaillent la France, est descouverte. Afin d'inciter & esmouvoir tous les princes fidelles de s'employer pour le retranchement d'icelle. Adressé à tous les princes chrestiës. *Reims, Jan Martin*, 1579, in-8, mar. rouge, fil., dos orné, tr. dor. (*Rel. anc.*).

271. DU FAIL (Noël). Mémoires recueilis et extraits des plus notables et solemnels arrests du parlement de Bretagne, divi-

sez en trois livres. Le premier contient les arrests donnez en l'audience. Le second, ceux des chambres. Le tiers, les meslanges. *A Rennes de l'Imp. de Julien Du Clos*, 1579, in-4, mar. rouge, fil., dos orné, tr. dor. (*Rel. anc.*).

> Première édition de ce recueil donnée par Noël du Fail l'auteur des *Contes d'Eutrapel*.
> Exemplaire dans une reliure bien conservée aux armes et chiffre de J. B. COLBERT.
> Transposition de feuillets et mouillures.

272. TAILLEPIED (J. N.). Recueil des antiquitez et singularitez de la ville de Rouen. Avec un progrez des choses memorables y aduenues depuis sa fondation jusques à présent, par J. N. Taillepied, docteur en theologie. *A Rouen, de l'Imprimerie de Martin le Mesgissier*, 1610, pet. in-12, de 8 ff. prélim., 216 pag. et 4 ff. non chiff. mar. brun, fil. à froid, tr. rouge (*Rel. anc.*).

> Exemplaire très court de marges, le texte est atteint en tête.

III. — ARCHÉOLOGIE, BIOGRAPHIE, BIBLIOGRAPHIE, MÉLANGES.

273. HANCARVILLE (D'). Monumens de la vie privée des douze Cesars d'après une suite de pierres gravées sous leur règne. *A Caprées, chez Sabellus* (Nancy, Leclerc), 1780, front. et 50 pl. — Monumens du culte secret des dames romaines. *Ibid., id.*, 1780, front. et 50 pl. — Ens. 2 vol. in-4, veau marb., tr. rouges (*Rel. anc.*).

> Réimpression sous cette date.
> Exemplaire grand de marges.

274. SYMEON (Gabriel). Les illustres observations antiques du seigneur Gabriel Symeon florentin en son dernier voyage d'Italie l'an 1557. *A Lyon, par Ian de Tournes*, 1558, pet. in-4,

de 8 ff. prélim. non chiff. et 134 pag., dos et coins de mar. bleu, fil. (*Rel. du XIXe siècle*).

Livré orné de nombreuses figures gravées sur bois dont quelques-unes très jolies.

---

275. BOCCACE. Des Dames de renom. Nouvellement traduict d'italien en langage françoys. *A Lyon, chez Guil. Rouille*, 1551, in-8, de 384 pag. et 4 ff. non chiff., mar. rouge, jans., tr. dor. (*Pagnant*).

Le titre est compris dans un encadrement gravé sur bois.

276. BOCCACE (Jean). Traité des mesadventures de personnages signalez, traduict du latin de Jean Boccace & reduict en neuf liures par Cl. Witart, escuyer, sieur de Rosoy... conseiller au siège presidial de Chasteau-thierry. *Paris, Nicolas Eve, relieur du Roy*, 1578, in-8, de 4 ff. prélim. et 696 pag., vélin blanc à recouv. (*Pagnant*).

---

277. DUCHESNE (André). Bibliothèque des Autheurs qui ont escrit l'histoire et topographie de la France, divisée en deux parties selon l'ordre des temps & des matières. Seconde edition reueuë & augmentée de plus de deux cens historiens, par André du Chesne. *Paris, Sebastien Cramoisy*, 1627, in-8, de 4 ff. prélim., 312 pag. et 4 ff. non chiff., mar. rouge, jans., tr. dor. (*Masson-Debonnelle*).

278. JACOB (le P. Louis). Traicté des plus belles bibliothèques publiques et particulières qui ont esté & qui sont à présent dans le monde, diuisé en deux parties. Composé par le P. Louys Jacob, chalonnois, religieux carme. *Paris, Rolet le*

Duc, 1644, 2 vol. pet. in-8, mar. orange, dent., dos orné, tr. dor. (Rel. anc.).

Coin remis aux trois premiers feuillets du second volume.

279. NAUDÉ. La Bibliographie politique du Sr Naudé, contenant les livres et les méthodes nécessaires à estudier la politique. Avec une lettre de Monsieur Grotius & une autre du sieur Haniel sur le mesme subject. Le tout traduit du latin en françois. *Paris, Vve Guillaume Pelé*, 1642, in-12, mar. rouge, fil., dos orné, tr. dor. (Rel. anc.).

Exemplaire aux armes de MANSART, surintendant des batiments du Roi. Signature de Baluze sur le titre.
Le titre a été redoré sur le dos de la reliure.

---

280. CAMERARIUS (P.). Les Heures derobées ou méditations historiques du docte et fameux jurisconsulte M. Philippe Camerarius, conseiller du Sénat de Nuremberg, ville impériale, mis en françois par F. D. R. (François de Rosset). *Paris, Jean Houzé*, 1610, in-8, de 8 ff. prélim. et 688 pag., la dernière non chiff., vélin à recouv. (*Pagnant*).

281. BOAISTUAU (Pierre). Le Théâtre du monde, où il est faict un ample discours des misères humaines, composé en latin par Pierre Boaystuau, surnommé Launay, natif de Bretaigne : puis traduict par luy mesme en françois. *A Paris, pour Gilles Robinot*, 1559, 8 ff. prélim., 110 ff. chiff. et 6 ff. non chiff. contenant une Elégie du Comte d'Alsinois et la table. — Bref discours de l'excellence et dignité de l'homme faict en latin par Pierre Boaystuau, puis traduict par luy-mesme en françois. *Ibid., id.*, 1559, 30 ff. chiff. et 2 ff. de table non chiff. — Ens. 2 ouvr. en 1 vol. in-8, mar. rouge, jans., tr. dor. (*Pagnant*).

282. BOAISTUAU (Pierre). Le Théâtre du monde, où il est faict un ample discours des misères humaines, composé en latin par P. Boaystuau, surnommé Launay, puis traduit par luy-même en françoys. Avec un brief discours de l'excellence & dignité de l'homme. *A Anvers, de l'Imprimerie de Christophe Plantin*, 1570, in-16, de 224 pag., mar. rouge, jans., tr. dor. (*Pagnant*).

 Edition rare, non citée dans les *Annales plantiniennes*, d'un ouvrage souvent rérmprimé.

283. BOAISTUAU (Pierre). Le Théatre du monde, où il est faict un ample discours des misères humaines. Composé en latin par P. Boaystuau, surnommé Launay, puis traduit par luy-même en françois. Auec un brief discours de l'excellence & dignité de l'homme. *A London, de l'Imprimerie des Edmund Bollifant*, 1587, in-16, de 190 pag. et 1 f. blanc, mar. vert, jans., tr. dor. (*Pagnant*).

 Petite édition rare, imprimée en caractères ronds, très fins.

284. BOAISTUAU (Pierre). Le Théâtre du monde... composée par Boystuau, surnommé Launay. *S. l.* (*Genève*) *par Guillaume de Laimarie*, 1597, in-16, de 252 pag. et 5 ff. de table non chiff., veau fauve, fil., tr. dor. (*Marlière*).

 Cette édition ne renferme pas les sonnets de Baïf et de Belleforest qui sont au commencement des éditions précédentes. L'*Élégie* du comte d'Asilnois s'y trouve.

285. BOAISTUAU (Pierre). Histoires tragiques extraictes des œuvres italiennes de Bandel et mises en nostre langue françoise par Pierre Boaistuau, surnommé Launay, natif de Bretaigne. *A Paris, par Vincent Sertenas*, 1561, in-8, réglé, de 232 ff., veau fauve, filet, milieu orné (*Rel. du XVIe siècle*).

 Cette édition renferme douze nouvelles, six de plus que la première de 1559.
 Le dos de la reliure est refait.

286. BOAISTUAU (Pierre). Histoires prodigieuses extraites de plusieurs fameux autheurs grecs & latins, sacrez et prophanes, mises en nostre langue par P. Boaistuau, surnômé Launay, natif de Bretaigne, avec les pourtraicts & figures. *A Paris, pour Vincent Norment*, 1564, in 8, de 12 ff. prélim. et 180 ff. chiff., mar. rouge, jans, tr. dor. (*Pagnant*).

Ce volume, qui renferme quarante histoires prodigieuses, est orné de nombreuses et curieuses figures gravées sur bois.

Les feuillets préliminaires contiennent des poésies et sonnets à la louange de l'auteur par René de Rieux, Loys du Lis, B. de Girard, C. Roillet de Blois, Jacques Grévin, etc.

287. VERGILE (Polydore). Les Mémoires et histoire de l'origine, invention & autheurs des choses, faicte en latin & diuisée en huict liures, par Polydore Vergile, natif d'Urbin & traduicte par François de Belleforest, comingeois. *Paris, Robert le Mangnier*, 1582, in-8, de 6 ff. prélim., 863 pag. et 68 ff. de table, non chiff., parch. à recouv. (*Rel. anc.*).

Exemplaire bien conservé dans sa première reliure.

ORDRE DES VACATIONS

PREMIÈRE VACATION

Jeudi 20 Décembre 1917.

N°s 1 à 147.

DEUXIÈME VACATION

Vendredi 21 Décembre 1917.

N°s 177 à 287.
148 à 176.

CHARTRES. — IMPRIMERIE DURAND, RUE FULBERT.

www.ingramcontent.com/pod-product-compliance
Lightning Source LLC
LaVergne TN
LVHW050558090426
835512LV00008B/1224